U0608537

中国产业智库报告

中国社会科学院工业经济研究所

中国工业发展热点问题

（第一辑）

主　编：黄群慧　史　丹
副主编：张其仔　张永健

经济管理出版社

ECONOMY & MANAGEMENT PUBLISHING HOUSE

图书在版编目（CIP）数据

中国工业发展热点问题（第一辑）/黄群慧，史丹主编 . —北京：经济管理出版社，2016.9

ISBN 978 - 7 - 5096 - 4094 - 4

Ⅰ.①中…　Ⅱ.①黄…②史…　Ⅲ.①工业发展—研究—中国　Ⅳ.①F424

中国版本图书馆 CIP 数据核字（2015）第 298482 号

组稿编辑：陈　力
责任编辑：陈　力　钱雨荷
责任印制：黄章平
责任校对：超　凡

出版发行：经济管理出版社
　　　　　（北京市海淀区北蜂窝 8 号中雅大厦 A 座 11 层　100038）
网　　　址：www. E - mp. com. cn
电　　　话：（010）51915602
印　　　刷：北京晨旭印刷厂
经　　　销：新华书店
开　　　本：787mm×1092mm/16
印　　　张：13.5
字　　　数：175 千字
版　　　次：2016 年 9 月第 1 版　2016 年 9 月第 1 次印刷
书　　　号：ISBN 978 - 7 - 5096 - 4094 - 4
定　　　价：48.00 元

总　序

2015 年 1 月 20 日，中共中央和国务院下发了《关于加强中国特色新型智库建设的意见》，我国智库建设迎来了"春天"。当前，无论是中央还是地方，无论是高校还是科研机构，无论是官方还是民间，都高度重视智库建设。借智库建设的"春风"，中国社会科学院工业经济研究所推出了《中国产业智库报告》丛书。收录于本丛书的主要是工业经济研究所研究人员撰写的、体现智库功能的、可以公开的研究报告。

中国社会科学院工业经济研究所成立于 1978 年，定位于以马克思主义为指导，基于产业经济、区域经济、企业管理三大学科领域的最高学术殿堂和中共中央和国务院的重要思想库、智囊团。作为国家级专业智库，中国社会科学院工业经济研究所在产业经济、区域经济和企业管理三大学科具有国内领先优势，在决策咨询上具有优良的传统，在发挥智库功能方面具有丰富的经验积累、成果基础和人才沉淀。长期以来，工业经济研究所在历任所长马洪、蒋一苇、周叔莲、张卓元、陈佳贵、吕政、金碚等著名学者的组织领导下，在全体研究人员共同努

1

力下，圆满完成了中共中央和国务院交办的众多科研任务，提供了大量的、高质量的研究成果，连续多年获得中国社会科学院优秀对策信息组织奖。工业经济研究所研究人员不仅参与党和政府重要报告及文件的起草，还长期参与国家和众多地区的社会经济发展规划和政策的研究与论证，同时还为企业的改革与发展提供咨询建议，完成了大量的研究报告、政策建议、调研报告、情况专报、咨询方案，锲而不舍地为我国经济发展贡献自己的专业知识和创造性劳动，在社会上产生了很好的影响。

高水平的专业智库，需要做到理论顶天、实践立地的"顶天立地"。在长期的智库建设过程中，中国社会科学院工业经济研究所不仅与国家部委、地方政府、企业等建立了长期的合作关系，能够做到及时了解和洞察实践的最新动向和"一手"需求，同时已经形成了一系列的支撑专业智库的学术平台，推动理论与实践的有机结合。一是工业经济研究所代管三个国家级学会——中国工业经济学会、中国企业管理研究会、中国区域经济学会，这三个学会通过开展学术年会、教材编写、专题研讨等各种形式的学术活动，形成了全国性的学术网络，组织全国高校、地方社科、党校系统以及企业的代表共同参与到智库和学科建设中；二是工业经济研究所主办三本学术刊物——《中国工业经济》、《经济管理》和《中国经济学人》（英文），在学术界颇具影响，赢得了一系列荣誉；三是工业经济研究所主办了内部刊物《问题与对策》，专门刊登政策建议类的研究成果，向相关决策部门报送；四是工业经济研究所每年主办"中国工业发展论坛"等各类学术会议，为政府、学术机构和企业等提供高水平的面对面的学术交流平台。今天我们推出的《中国产业智库报告》丛书，是我们打造的又一个智库平台，旨在从工业经济研究所研究人员每年提供的大量研究报告中，选择出高水平的、可以公开的、研究问题具有普遍性、具有一定篇幅的研究报告，正式编辑出版，发挥国家级专业智库知识外溢效应，为我国经济发展做出贡献。

《中国产业智库报告》虽然名为"产业智库报告"，但研究主题不仅仅限于产业，而是将紧紧围绕我国全面建成小康社会和实现"两个一百年"奋斗目标过程中的产业经济、区域经济和企业管理中的重点、热点和难点问题，例如，工业经济运行监测与风险评估、制造业转型升级与发展、产业与企业竞争力、反垄断与政府管制、工业资源与环境、能源管理与能源经济、产业空间布局、区域经济协调发展、国有企业改革与发展、中小企业研究、企业管理创新等，提供具有国际一流水准的战略和对策咨询研究报告，为推进国家治理体系和治理能力现代化、把我国建设成为工业化强国，培育、积累和贡献专业化的智力资源。

我们正处于一个伟大的时代，只有努力工作才能无愧于这个伟大的时代，《中国产业智库报告》正是我们作为国家级专业智库的一点努力尝试，诚恳希望读者给予批评指正，以利于我们不断完善和进步！

黄群慧

2015 年 6 月

目 录

3

当前产业补贴存在的主要问题与完善措施*

杨丹辉　李晓华　渠慎宁

作为产业政策的核心工具，产业补贴在世界范围内普遍应用。近年来，发达国家推行"再工业化"的战略，不断加大对战略性新兴产业扶持力度。同时，补贴也是我国产业政策常用的工具。产业补贴对于集中调动国家财力，加快推进工业化、调整产业结构、平衡地区经济发展具有积极意义，其政策效果被中国经济增长和工业化的巨大成就所证实。然而，政府通过产业补贴，以"看得见的手"部分替代市场"看不见的手"在资源配置中的作用，一直备受经济学家的质疑。为应对国际金融危机，产业政策和政府补贴在"保增长"与"调结构"中的短期效果虽然得到认可，但其长期有效性及潜在的负面影响不容忽视。应该看到，现行产业补贴政策在补贴方式、范围、对象等方面存在诸多问题，需要全面深化改革，进一步改进补贴

＊ 本文发表于中国社会科学院工业经济研究所《问题与对策》2014 年第 1 期（总第 30 期），2014 年 1 月 16 日。

方式，提高补贴的公平性和透明度。

一、当前产业补贴存在的主要问题

（一）补贴覆盖面过宽，结构不合理

近年来，随着财政收入增长，政府用于产业补贴的支出快速增加，已接近千亿元人民币规模，补贴范围覆盖生产、流通、消费各个环节和众多的产业领域。产业补贴规模膨胀意味着大量财政收入集中配置到经济领域，挤占了用于社会发展和民生改善的资金。同时，产业补贴覆盖面过宽、规模过大，势必弱化市场在资源配置中的决定性作用，导致政府决策代替市场选择。再从补贴的领域来看，当前产业补贴仍主要集中于工业，对农业和服务业的补贴力度较弱。2012年接受政府补贴的十大上市公司中，7家为工业企业。其中，长江电力获得的补贴最多，凭借电力销售的税项优惠获得了21亿元补贴。政府补贴进一步强化了垄断行业投资扩张的固有倾向，进而成为普遍性产能过剩的重要诱因。

（二）补贴刚性增强

产业补贴作为实现政策目标、调节产业发展的有利杠杆，应根据经济形势变化以及产业发展阶段演进，适时做出调整，从而发挥产业补贴支出的导向性、针对性、灵活性和时效性的特点。然而，由于现行补贴制度不健全，一些补贴支出项目只增不减，部分补贴演变为长期财政支出项目，不论是补贴审批部门还是申报申领对象，对产业补贴产生不同程度的依赖，也易使主管部门与受补对象形成串谋，共同操控财政资源，直接影响财政补贴支出的使用效率和公平性。

（三）地方性产业补贴不规范

即使深化政绩考核制度改革，在现行中央与地方分税制下，

2

面对财政压力，地方政府仍有追求 GDP 的强烈动机，而产业补贴则成为地方政府招商引资、开发项目、发展产业的重要手段。目前，不少地方政府仍大量采用财政直补、税收优惠、融资便利、要素（低价土地等）支持等直接或间接补贴方式，扶持本地产业发展。部分地方性补贴项目不仅背离了国家宏观调控和产业政策的方向，严重影响产业转型升级的总体效果，而且由于地方补贴方式不符合世界贸易组织规则，成为发达国家反补贴的借口。同时，地方补贴预算资金管理不透明。如在地方国有企业亏损补贴的预算管理中，企业亏损补贴一直作为财政收入的减项，直接对企业上缴税收进行退库以抵消产业补贴，这种做法绕过了预算监督程序，缺乏有效评估和监管。

（四）产业补贴过度向国有企业倾斜，中小企业获得补贴难度大

由于现阶段国有企业仍承担大量政策性责任，国有企业一旦发生亏损或面临破产，在预算软约束下，政府通常会对亏损国有企业追加投资、减税或提供各种补贴，而国有企业也会对政府补贴或其他形式的救助形成依赖，导致部分国有企业创新动力不强，市场竞争力羸弱，无法成为真正的市场主体。相比国有企业，中小企业获得产业补贴难度较大。近年来，各级政府出台了不少扶持中小企业的政策措施，有些扶持政策虽然并未设置高门槛，但仍需要企业自行申报和相关部门推荐，因各地区政策和推荐标准不一致，加之中小企业捕捉利用政策信息的能力不足，结果是扶持政策和产业补贴仍难以普遍惠及中小企业。另外，目前政府各类专项补贴基本上按行业管理，但中小企业大多没有直接的上级主管部门，而行业协会和园区对中小企业的管理和服务也比较松散，且补贴申报时间不统一，致使中小企业申报补贴的成本高、周期长，成功率低，影响其争取政府扶持的积极性。

二、当前产业补贴的负面影响

（一）导致市场扭曲和公共资源浪费

政府向企业提供财政补贴，旨在鼓励企业科技创新、技术进步和提升绩效等。然而，在实际操作过程中，尽管政府补贴的确扶持了一些新产品开发力度较高或全要素生产率较高的企业，推动了新兴产业发展，但也通过"深化补贴"保护了部分亏损企业或生产率低、市场竞争力弱的企业。对特定产业和企业的长期保护，损害了市场竞争"优胜劣汰"的机制，而市场扭曲又进一步加剧了公共资源分配不合理，资金使用效率低下。

（二）滋生设租寻租行为

现行补贴机制的突出特点之一是以补贴生产者的选择性补贴为主。在这种补贴机制下，政府部门在选择补贴对象，确定补贴领域、方式及强度等方面具有很大的自由裁量权，这就为官员设租和企业寻租提供了较大空间。为获得产业补贴，企业利用各种手段对政府资源展开争夺，致使企业偏离了创新研发、专注生产的本职，也引发"官商勾结"、合谋骗补、侵占国家财政资金的腐败案例。另有一些经济欠发达地区的地方政府截留中央技术改造、淘汰落后、节能环保、生态修复等专项补贴，直接影响国家产业政策的实施效果。

（三）引发贸易摩擦

随着出口规模和国际市场份额持续扩大，我国遭遇的贸易摩擦明显增加。国际金融危机后，贸易保护主义抬头，世界范围内贸易摩擦加剧。迄今，中国已连续 17 年成为在全球遭受贸易摩擦最多的国家。我国频遭贸易摩擦的原因很多，既有自身原因，也有针对中国制造大规模输出的贸易歧视的结果。长期以来，一些发达国家无视中国市场化改革的积极成效，始终不承认中国市场经济国家的地位，为我国出口产品成本结构的市场化核算造成了一定的障碍。同时，由于中国政府特别是地方政府扶持企业的方式不够公开、公平、透明、规范，也成为其他国家质疑中国出口产品价格竞争力的口实。目前，中国出口比重占世界总贸易额不到 10%，但遭遇的反补贴案件占到世界的一半。近年来，欧盟、美国政府组成专业贸易调查团队或以学术研究等名义委托国内机构，专门从政府部门、相关机构、国有企业的网站等渠道，收集关于我国各级政府税收优惠、财政补贴、要素支持等补贴政策的证据，被调查的政府部门甚至已深入乡镇级别。美国商务部声称，中国地方政府出台了 4000 多个针对企业或产业的优惠文件，大部分涉及税收优惠。欧盟方面，尽管其成员国对中国产品的倾销问题有不同看法，但就中国产业补贴却达成了一致。欧盟贸易委员会认为对华反补贴至关重要，因为这些案例有助于曝光中国企业获得的不公平竞争优势，包括地方政府提供的廉价土地和融资便利。同时，发达国家行业协会、工会组织和企业也不同程度地参与对中国补贴政策的调查与评估，并将收集的材料报送政府，或以此游说议员，意图影响本国对华贸易政策。在世界贸易组织对我国第三次贸易政策审议中，地方性产业补贴成为主要成员方批评中国贸易政策的靶子。根据入世承诺，最晚到 2016 年，中国"非市场经济地位"将自动失效，届时反倾销将不再是我国面临的主要贸易壁垒，而反补贴有可能成为国外针对中国产品和企业更常用的贸易歧视手段。

三、发达国家产业补贴的经验借鉴

产业补贴在世界范围内应用非常广泛，但为什么中国产业补贴屡遭质疑和批评，更成为欧美发达国家贸易制裁的对象？要找到这一问题的答案，有必要总结发达国家产业补贴政策的经验，对比中国产业补贴对象、方式以及机制等方面的差别，为进一步规范产业补贴方式、提高补贴使用效率、减少贸易摩擦提供借鉴。

一是立法先行。发达国家产业补贴通常要通过立法的形式确定，而较少依靠行政命令，一方面可以保证产业补贴的长期性，给企业带来稳定的预期；另一方面明确产业补贴的规模、申请程序、补贴方式等具体细则，从而避免实施过程中的随意性，减少甚至避免寻租行为。

二是农业和战略性新兴产业是补贴的重点领域。由于农产品市场供求关系波动较大，农业生产具有大的市场风险。目前，美国、欧盟、日本、韩国等经济合作与发展组织（OECD）国家为保护本国农民利益、促进过剩农产品输出、限制他国产品输入，仍普遍对本国农业和农产品实行多种形式的补贴，世界贸易组织规则对农业领域的补贴也相对宽松。高技术产业和战略性新兴领域是发达国家产业补贴的又一重要领域。由于新兴产业的基础科学研究和共性技术具有公共物品的性质，因而会产生显著的正外部性，兼之新兴产业市场潜力巨大，直接影响一国产业竞争力，因此成为各国产业补贴政策的重点。

三是主要采取普遍性补贴方式。随着经济发展跨越了赶超阶段，日本、韩国等积极实行产业政策的国家相继调整其产业政策的工具。目前，发达国家（包括日本）的产业补贴往往是普遍性的补贴，即产业补贴只选定需要支持的产业，政府并不会替代市场选定被补贴的企业，也不帮助企业设定具体的技术路线。近年来，发达国家在光伏、风电新能源领域同样主要针对最终消费者进行直接补贴，而非重点支持新能源企业。通过政府投入引导新能源消费，加快终端市场形成，从而为新能源技术产业化发展提供市场支持。这些产业补贴政策不仅普遍性，而且也更加公平透明。

四是补贴力度增强。国际金融危机爆发后，发达国家重新审视实体经济的地位，相继提出了"再工业化"战略，并对产业政策的作用进行反思，"去虚拟化"的思路引发了世界范围内产业政策应用新一轮热潮，主要发达国家纷纷加大对科技创新的投入，加快对新兴技术和产业发展的布局，抢占新一轮经济增长的战略制高点。在"再工业化"、"低碳经济"与"智慧地球"等新型国家经济战略推动下，发达国家大力扶持以新能源、新材料、高端制造、网络信息、生物医药、航空航天等为代表的战略性新兴产业。在这些新兴领域，政府干预普遍有所增强。

四、完善我国产业补贴政策体系的思路与建议

面对现行产业补贴政策体系中存在的突出问题及负面影响，应以中共十八届三中全会确立的全面深化改革为指导，充分借鉴国际经验，坚持市场化的改革方向，以转变政府职能为重点，以财税体制和国有经济改革为突破口，进一步协调理顺中央与地方的关系，逐步以普遍性的减税取代选择性的产业补贴，不断推进产业补贴申请、审批、评估全过程的公平、公开、透明，提高公共资源使用效率，促使有限的财力惠及更多的消费者和中小企业。

（一）以普遍性减税取代选择性补贴

以全面深化财税体制改革为契机，继续推进增值税改革，调整消费税征收范围、环节和税率。对于不同行业，实行不同的减税标准。对重点扶持产业的企业利润转投资部分减免所得

税，鼓励企业再投资。同时，加快清费立税，从而进一步优化商业环境，激发创新、创业活力，为中小企业成长创造更大空间。

（二）补贴对象向消费端延伸

总结"家电下乡"等消费者补贴措施的经验，对光伏、风电、电动汽车、节能环保等产品，创新消费端补贴方式，扩大消费者直补规模，逐步建立完善面向特定领域所有企业和消费者的补贴或优惠政策体系。

（三）合理界定补贴范围，控制补贴规模

进一步规范产业补贴的范围，逐步取消不合理的补贴项目。借鉴发达国家产业补贴经验，参考世界贸易组织补贴与反补贴规则，结合产业转型升级目标，产业补贴应重点支持以下领域：农产品生产与流通、基础设施建设、基础研究和竞争前开发活动、重要社会公益事业等。同时，逐步剥离国有企业社会负担，引导补贴进一步向小微企业倾斜。

（四）调整补贴结构，加大农业补贴力度

与发达国家相比，我国农业补贴在世界贸易组织框架下仍有较大政策空间。因此，应进一步加大财政惠农补贴力度，调整农业补贴结构，完善农业补贴体系。增加对种粮农民的直接补贴，实现良种补贴水稻、小麦、玉米、棉花全覆盖，扩大油菜和大豆良种补贴范围。大规模增加农机具购置补贴，将先进适用、技术成熟、安全可靠、节能环保、服务到位的农机具纳入补贴目录，补贴范围覆盖全国所有农牧业县（场）。调整农资综合补贴，完善补贴动态调整机制，加强农业生产成本收益监测，根据农资价格上涨幅度和农作物实际播种面积，及时增加补贴。

（五）完善相关法律法规，信息公开，提高补贴透明度

强化产业补贴的相关法律、法规和制度建设，用法规约束保障产业补贴的合理使用。尝试设立补贴基金制度，由补贴基金统一管理，严格控制补贴规模。建立从项目申报到审批以及验收各个环节的监督制度，减少财政补贴立项的"暗箱操作"。积极推行财政对企业直接补贴的公示制度，公开产品补贴、贷款补贴、税收补贴、基地建设补贴等信息，发挥民众直接监督的作用。补贴政策出台后，政府部门应会同开发区或产业园，开展补贴申报宣传，拓宽信息渠道，降低中小企业申报成本。

（六）灵活运用世界贸易组织规则，有效应对反补贴贸易摩擦

一方面，进一步提高对世界贸易组织规则的重视和熟悉程度，更加灵活地运用世界贸易组织规则，应对欧美国家日益增多的反补贴调查；另一方面，着重将世界贸易组织一致性要求融入产业补贴法律法规和政策的每一个环节。首先，取消进出口环节专项性补贴等禁止性补贴。其次，转换补贴形式，减少对生产者直补及各种隐性优惠政策。最后，充分利用补贴专向性的例外规定支出，包括研发补贴、扶贫补贴与环保补贴等世界贸易组织规定补贴专向性的例外，加大对企业技术创新扶持力度，提高出口产品质量和竞争力，促进企业节能减排，改进产品包装，获得环保等国际认证。同时，加强自身应对能力建设，吸纳具有国际视野的贸易和法律等高端人才，组建开放式专业团队，深入研究国外贸易法规、产业政策和补贴措施，研判经典案例，及时总结败诉经验，全面掌握测算补贴及其贸易损害的科学方法，为我国采取反制措施提供有力支撑。

德国工业4.0战略对我国建设创新型国家的启示

张其仔

2010年德国联邦政府制定的《高技术战略2020》，提出工业4.0战略，2013年6月举行德国汉诺威国际工业博览会的主题是整合型工业，展出了工业4.0的样板。在德国政府和企业看来，它们提出的工业4.0战略，可以被称为继机械化、电气化、信息化之后第四次工业革命。中国作为制造业大国，德国的工业4.0战略值得高度关注，其相关措施也值得我国借鉴。

一、德国把推进工业4.0作为其实施高新技术战略的核心举措

德国工业4.0战略是在《德国高技术战略》与《高技术战略2020》的基础上提出来的。2006年德国发布了《德国高技术战略》，这是德国在国家层面发布的德国的创新战略。这项战略出台的背景是，德国虽然是全球重要的出口国，但在成本上缺乏竞争力，很多企业将总部或制造基地从德国转移到了其他国家。《德国高技术战略》的目标，就是要通过创新，克服其成本

劣势，使德国保持全球市场领导者的地位。2006年德国制订的创新战略，重点选择了17个技术创新领域，包括健康与医药技术、安全技术、种植技术、能源技术、环境技术、通信与信息技术、汽车与交通、航空、空间技术、海洋技术、服务、纳米技术、生物技术、微系统技术、光学技术、材料技术、生产技术等。2008年国际金融危机爆发后，2010年德国又提出《高技术创新战略2020》，这一战略的目的就是要充分利用德国经济增长的潜力，培育新的经济增长点，所关注的重点领域包括气候变化与能源、健康与营养、移动、安全、通信五大领域。

2012年德国的工业4.0工作组发布了专门报告，对工业4.0进行了阐述。报告把工业4.0称为第四次工业革命。第一次工业革命是由水力和蒸汽动力机械的发明和利用；第二次工业革命是由电力的发明、使用推动的标准化生产，始于20世纪早期；第三次工业革命是信息技术的发明，推动工业自动化，从20世纪70年代开始；进入21世纪，第四次工业革命已经来临。2012年德国的一项关于工业4.0的调查表明，被调查公司中的47%表示，将积极参加工业4.0，其中，18%的公司表示，已经开展了相关研究，12%的公司表示，已经将工业4.0付诸实践了。

二、工业4.0与前三次工业革命相比有着巨大的差异

工业4.0既是第三次工业革命的进一步深化，但与前三次工业革命相比又有巨大的差异。

第一，智能化产品贯穿制造业的全过程。第三次工业革命，实现了数字化制造，整个生产过程的信息管理，采取的是集中式控制系统，并没有实现全过程、全领域的智能化。第四次工业革命将实现全过程、全领域的智能化，不仅包括机器设备，

而且还包括被加工的材料、被组装的零部件。要抢占第四次工业革命的战略制高点，除了传统的信息技术之外，还必须大力推动大数据的搜集、储存、处理、分析大数据技术和人脑科学的发展，通过搜集、储存、处理、分析大数据技术和人脑科学的发展，把物理世界的智能化提高到一个全新的水平。

第二，工业4.0第四次工业革命需要实现全方位的系统整合。德国提出的工业4.0战略，是一项整体优化战略，是要通过充分利用德国人力资源方面的技术和知识的优势，极大限度地发掘现有技术和经济的潜能。从顶层而言，实施工业4.0战略将集中于三个方面：一是通过价值网实现横向整合；二是将端对端的数字一体化工程贯穿于整个价值链；三是实现垂直整合和建立网络化制造系统。

第三，工业4.0战略优先关注领域有所不同，重点是以下几个方面：①标准化和参考架构建设。工业4.0战略要求整合整个价值链上的各种类型的公司，为了实现这种整合，必须建立标准。②工业4.0管理的是比前三次工业革命更为复杂的系统，所以，必须开发管理复杂系统的工具和方法。③不仅需要自身的宽带基础设施建设，而且还要加强伙伴国之间的宽带基础设施建设。④信息安全和系统保护具有更加重要的地位。生产设施、产品、信息等安全对于第四次工业革命的成功生死攸关。⑤组织与工作的重新设计。在工业4.0时代，需要进行参与式的工作设计和采取终身学习措施，通过建立最佳实践网络和数字化学习工具，推进终身学习和个人的职业发展。⑥针对新的产业革命设计科学的管制框架。⑦有效地提高资源利用效率。

第四，全球化竞争更加激烈。前三次工业革命，都遵循着这样一个规律：一些关键技术在某个国家或部分国家取得革命性突破，然后将其扩散到全世界。工业4.0所面临的全球化形势，比前三次工业革命不仅要广泛得多，而且要深刻得多。它不仅要求解决全球所面临的共同问题，如气候变化问题、能源供应问题等，而且在技术突破性上还需要国家之间的共同合作才能实现。

三、充分利用工业4.0带来的机遇，打造我国经济的新优势

工业4.0既给我国的发展带来机遇，也提出了挑战。工业4.0具有很大的增长潜力，可以满足消费者的个性化需求，提高资源生产率和利用效率；可以通过提供新的服务促进服务业的发展；可以通过提高劳动生产率有效地应对人口结构的变化，实现工作与生活的平衡，保持高工资条件下的经济竞争力。所有这些都符合我国发展方式转变的总体方向，利用好第四次工业革命所带来的变革，可以增强我国发展方式转变的内生动力。

工业4.0对我国的挑战在于我国的工业化与信息化融合程度比较低，中高技术产业在国际上的竞争力还比较低，如果应对不当，就可能导致我国产业国际竞争力大幅度下降，对稳增长造成不良影响。

德国推进工业4.0的最终目的就是要提高产业竞争力。德国是机械产品出口大国，很多企业，包括中小企业，其竞争力都很强，但随着全球化的深化，面临越来越大的挑战，这种挑战不仅来自亚洲，也来自美国。为了推进第四次工业革命，德国提出了一系列政策措施，其他国家也都有所行动，设置了不同的科学计划，值得我国加以充分借鉴。

（一）组成跨界研究小组或平台

为推进工业4.0计划的落实，德国三大工业协会——德国

资讯技术和通信新媒体协会（BITKOM）、德国机械设备制造业联合会（VDMA）以及德国电气和电子工业联合会（ZVEI）实现协作，共同建立了"第四次工业革命平台"办事处，这个平台已于 2013 年 4 月正式启动，其目的就是要吸引并协调所有参与本次革命的资源。考虑到第四次工业革命涉及面十分广泛、需要各种资源和技术的整合，我国也应成立类似的机构或平台，囊括自然科学家、工程技术专家、社会科学家、企业等，对第四次工业革命进行深入研究，认真研究其科学规律、技术特点及其经济社会环境影响，紧密跟踪全球第四次工业革命的进展，及时制定我国的应对战略。要着力加强机械设备制造的能力，为了顺利实现第四次工业革命，信息通信技术（ICT）部门需要和设备生产部门、工厂等密切合作。

（二）在参与工业 4.0 的过程中，要充分发挥优势，重视话语权建设

国际金融危机之后，一些发达国家都力图对未来科技和产业发展的趋势做出规划和评估，这种规划和评估，当然离不开对科技和产业发展规律的探索，但这些规划与评估出台的目的之一，也是要力图影响科技发展与产业发展的进程，协调和整合各种资源投入到有利于本国发展的进程中去。新一轮的产业革命涉及领域十分广泛，各国只有发挥自身的优势，才能在新的产业革命中占有重要地位。当新的产业革命正在进行之际，德国没有附和其他国家的规划，而是提出工业 4.0 战略，其目的就是要充分发挥德国的传统优势。这些优势包括：在机械设备制造市场上处于领导者地位；全球信息技术能力的重要提供方；在嵌入式系统和自动工程创新上处于全球领导地位；有一支高技能、主动性很强的劳动者队伍；供应商与用户合作关系密切；有着出色的研究和培训机构。我国在参与新一轮产业革命的过程中，也要立足于充分发挥我国现有优势，在深刻分析和把握新工业革命的规律与特性的基础上，提出本国参与、推进第四次工业革命的战略规划，要力争在新的科技发展与产业革命中建立自身的话语权。

（三）大力推进标准的国际化建设和产品安全设计

为了顺利实现向工业4.0的转化，政府为了实现生产和服务模式之间的整合而引入的相关标准。为此，我国不仅要在国内加强标准化的工作，而且还要实现标准的国际化，使我国设立的标准得到国际上的广泛支持。第四次工业革命的发展更受制于网络发展的速度、信息安全等因素的影响，我国不仅要在国内大力推进先进的网络基础设施建设，而且要加强与战略性伙伴的国家在网络基础设施建设的协调，提高互联互通能力。推进信息安全产业的发展，在产品设计阶段，就是充分考虑安全因素，确保网络安全、可靠，确保知识产业得到有效保护。

（四）利用市场规模优势，对传统工厂生产模式进行智能化改造试点，稳步推进工厂4.0的试点工作

我国的制造业不可能在一夜之间完全达到工业4.0的标准，在向工业4.0推进过程中，需要把新的技术引入到旧的系统中，将传统的工业流程系统改造成实时的能动系统，通过与跨国公司合作，开展工厂4.0试点，对传统工厂生产模式的智能化改造。

（五）将发展大数据产业、推进人脑科学发展等置于抢占工业4.0制高点的高度加以推进

脑科学不仅有助于脑疾病的诊断和治疗，也将为人工智能和机器人技术带来实质性突破，实现人机交互。美国和欧盟是当今脑科学研究领域的主角，双方都希望率先抢占战略制高点，我国在参与脑科学的竞争中，不仅要重视脑科学研究的应用性，

而且要高度重视脑科学的基础研究，进行重大科研布局。在大数据分析、处理技术上，我国与美国相比，已经落后，我国不仅应加强大数据的应用研究，更要加强大数据分析和处理技术的开发，避免出现在大数据产业的核心技术、关键技术受制于人的局面。

（六）重视大企业的龙头作用，充分吸收中小企业参与

虽然德国的工业4.0平台是由大企业发起的，但其目的不仅是服务于大企业，而是特别注重吸引中小企业参与，力图使中小企业成为第四次工业革命的使用者和受益者。

发达国家发展低碳钢铁的主要经验与启示

周维富　张　骋

　　钢铁工业是我国资源消耗强度大、环境载荷高、碳排放十分集中的行业。目前钢铁工业的各种废弃物排放量约占我国工业总排放量的10%，其中二氧化碳的排放量占到我国工业总排放量的17%。在全球发展低碳循环经济的潮流下，我国钢铁工业发展面临着巨大的压力。他山之石，可以攻玉。总结国外发达国家发展低碳钢铁的通行做法，借鉴和嫁接其有益的经验，对于缓解我国钢铁工业面临的资源环境制约，提高其产业竞争力和长期可持续发展能力，产生十分重大的意义。

一、发达国家发展低碳钢铁的主要做法和经验

（一）立法先行

　　为了促进包括钢铁工业在内的高碳产业的低碳化发展，发达国家大多立法先行。美国2007年通过了《低碳经济法案》，2009年又通过了《美国清洁能源安全法案》。这两个法案明确

规定了大型制造业企业必须设定碳减排目标，并对碳减排量交易进行了制度安排。美国政府试图利用法律文件这种强制性的手段来推动产业的低碳化转型，实现全国范围内碳排放减少的目标。英国 2007 年推出了全球第一部《气候变化法案》，2009年又对"碳预算"约束进行立法，并公布了一系列配套方案，包括《英国可再生能源战略》、《英国低碳工业战略》和《低碳交通战略》等。日本近年来也不断出台发展低碳产业的重大政策。2004 年，日本启动"面向 2050 年的日本低碳社会情景"研究计划，其目标是为 2050 年实现低碳社会目标提出的具体对策。2009 年，日本又公布了名为《绿色经济与社会变革》的改革政策草案，目的是通过实行减少温室气体排放等措施，强化日本的低碳经济。

（二） 对低碳钢铁技术研发提供财税优惠支持

为了鼓励企业加速低碳技术的研究与开发，美国政府对新型煤气化和煤炭技术项目及多种可再生能源项目的投资给予税收抵免的优惠政策，而且税收减免范围还包括了那些在其他国家参与示范项目的美国企业。根据这一政策，美国企业在任何地方采取的发展低碳技术的行为都会受到美国政府在税收上的支持。2009 年，美国政府通过了《2009 美国复苏与再投资法案》，决定在低碳经济领域投资 580 亿美元，其中财政直接投资170 亿美元，占总投资的 29.3%。

作为推动低碳经济的先行者，日本每年投入巨资致力于发展低碳技术。日本政策规定，使用指定节能设备，可选择设备标准进价 30% 的特别折旧或者 7% 的税额减免；对企业引进节能设备、实施节能技术改造给予总投资额的 1/3 到 1/2 的补助，对企业和家庭引进高效热水器给予固定金额的补助，对住宅、建筑物引进高效能源系统给予其总投资 1/3 的补助。

为了鼓励低碳技术开发和供应链建设，英国 2009 年财政预算案宣布了 4.05 亿英镑的资金计划，用以支持英国发展世界领先的低碳能源产业和绿色制造产业。这笔资金的主要目的就是支持开发和部署低碳技术，并帮助吸引和保护英国低碳产业供应链上的投资。此外，英国政府还通过财政制度提供间接财政奖励，以鼓励采用清洁技术、减少二氧化碳排放量的活动。

（三）加快炼铁新工艺和能源利用技术的开发

在钢铁工业中的低碳化转型中，生产过程中碳排放量的减少是最关键的一环，而减少碳排放量就需要改善炼钢炼铁工艺。为了完成节能减排目标，日本钢铁非常重视炼铁工艺的革新和生产工序合理化与连续化。日本钢铁企业主要的方法有：对钢铁产品的生产结构进行调整，主要生产低碳环保的钢铁产品，以降低钢铁工业整体的排放水平；在生产钢铁产品制造过程中，通过提高资源和能源的使用效率，改良每一道工序，力图实现最高效率的节能减排工作。同时，日本的钢铁企业集思广益，多渠道搜集并整合节能环保等与钢铁工业低碳化发展相关的行动提案，付之行动。为了实现生产过程中的碳减排，韩国浦项制铁集团公司（以下简称浦项制铁公司）投入巨资开发非高炉炼铁新技术——Finex 技术。这项炼铁工艺比传统高炉炼铁工艺更为清洁和廉价，最多可以减少 99% 的空气污染。目前，浦项制铁公司已运行了两座应用 Finex 技术的炼铁厂，年产能分别为 60 万吨和 150 万吨，采用 Finex 技术的第三座炼铁厂（年产能为 200 万吨）也于 2013 年中期投产。此外，浦项制铁公司还加快开发合成天然气、智能核反应堆、风力发电、氢燃料电池和智能电网等新能源技术。

（四）加强对生产过程外的碳排放的管理

钢铁工业除在生产过程中会排放温室气体外，钢铁产品的

19

物流运输部门也会消耗大量的燃料并造成碳排放量增加。为了减少由此带来的碳排放，日本的钢铁企业还在物流等方面不断推进本产业的低碳化转型和发展的工作。例如，日本钢铁工程控股公司（JFE）尽可能地利用碳排放量相对较小且环境影响较小的船舶和列车作为交通运输工具来输送钢铁产品，以降低整个产业链的碳排放。同时，JFE 公司从海外进口原材料时，一般使用大型原材料专用船。此外，日本钢铁企业还非常重视非能源起源碳排放的管理。如日本的钢铁公司利用副原料石灰石和白云石来除去高炉和转炉中的铁矿石不纯物，降低碳排放。日本的钢铁企业从大处着手，同时也并不忽视细节，采用综合管理的手段降低产业的整体碳排放水平。

（五）重视环保型高附加值新产品研发

钢铁工业的产品结构对于钢铁工业的诸多问题都有着非常重要的影响。一国钢铁工业的产品结构若以高附加值高技术含量的产品为主，那么通常意味着该国的钢铁工业属于处于良性发展的态势。由于高附加值高技术含量的产品主要消耗的是技术要素而不是资源要素，以高附加值产品为主的钢铁工业一般也会实现较低的碳排放量以及对自然环境较小的负面影响。同时，以高附加值产品为主的钢铁工业可以实现较高的竞争力，需求较为稳定，不易受到来自市场的冲击。而单纯地增加钢产品的数量则会给资源环境带来较大的压力。一个健康的产品结构可以帮助钢铁工业实现经济和环境的双重效益。例如，韩国的浦项制铁公司对于高附加值产品的研发非常重视，该公司优先发展高附加值产品。高附加值产品比例高达 60% 以上，特别是世界顶级产品销售比例达到 17.8%。公司的超轻型高强度汽车用钢和高级别电工钢已经成为具有国际竞争力的产品。由于这些高附加值产品的存在和良好的销路，浦项制铁公司并不需要扩充产能就可以实现企业良好的经营状态。这也给公司的节能减排工作释放了最主要的产能压力。而浦项制铁公司生产的这些高附加值产品同时也是低碳产品，能耗较一般产品还要低，因而以这些产品为核心的浦项制铁公司面临的减排压力相对较小。

二、发达国家发展低碳钢铁的经验对我国的启示

综上所述，发达国家推进钢铁工业的低碳化发展的着力点不仅仅是在发展低碳技术上，同时也存在于建立健全有关发展低碳经济的制度。可以看出的是，推进钢铁工业的低碳化发展不仅仅是一个经济问题，同样也是一个如何制度化这一经济发展方式的问题。单纯地依靠引进发达国家的低碳技术并不能够完全解决我国钢铁工业低碳化发展目前所面临的问题，应该将这一问题置于一个更宽的视野中去分析。简而言之，发达国家发展低碳钢铁对我国的启示大致有以下几点：

（一）大力支持低碳技术的开发

低碳技术是发展低碳钢铁的核心问题，钢铁工业的低碳化转型必须建立在发达的低碳技术的基础上，而我国目前所面临的问题是，钢铁工业中的低碳技术研究水平和应用水平都相对较低。因而发展低碳技术是我国目前发展低碳钢铁的重中之重。支持低碳技术的发展，有很多不同的方式，发达国家已经在这方面有了充足的经验。我国可以重点借鉴两个方面：

一是税收优惠政策。从发达国家的经验看，税收政策对低碳钢铁的发展作用重大。这一点在美国显得尤为突出，美国税收政策对发展低碳钢铁充分发挥积极典范的作用。税收方面的政策可以是多方面的。减免研发低碳技术的企业应缴的税费是

21

最主要的方面。通过减少相应技术研发所要支出的费用，低碳技术可以成为有利可图的新兴领域。借鉴发达国家经验，我国也应该对钢铁企业减少碳排放的行为加大税收优惠力度。具体来说，在增值税方面，可以对钢铁企业减少碳排放所进行的设备投资减少增值税征收的数额，逐步实现向消费增值税转变；在所得税方面，提高钢铁企业低碳投资项目的所得税抵免额度，并为钢铁企业的低碳设备提供加速折旧的优惠政策；在关税方面，继续取消高碳钢铁产品的出口退税，并降低低碳钢铁技术的关税水平，鼓励钢铁企业加快低碳技术的更新换代。

二是加大技术研发投入。财政资金对于低碳钢铁技术的研发有着相当重要的意义。借鉴发达国家通过对低碳钢铁技术研发的直接投入来推动低碳技术开发的经验，我国应该加大低碳钢铁技术研究方面的投入，例如提高对高校和科研机构相关的研究项目的投入，提高对低碳钢铁技术和产品的财政补贴。对低碳钢铁技术的财政支持可以起到的作用将是相当显著的，除了直接的推动作用之外，财政资金起到的引导作用也是不可忽视的。随着我国财政能力的不断增加，对财政支出结构的调整将对促进低碳钢铁技术的发展起到非常重要的作用。由于社会资金倾向于追求短期利益较大的投资项目，而财政资金可以在这方面弥补它们的不足，低碳钢铁技术在发展的初期十分需要财政资金的支持。财政资金支持下的低碳钢铁技术可以在起步阶段得到充分的支持，等到发展较为成熟之后，财政资金可以逐步从中退出，让位于社会资金，这样将会促进低碳钢铁技术的良性发展。

（二）将企业作为实现低碳钢铁技术革新的主体

发达国家，尤其是日本和韩国，非常重视企业在发展低碳钢铁中的作用。日本和韩国将企业作为实现低碳钢铁技术革新的主体，而政府主要起到的是辅助性的作用，这点是相当关键的。低碳经济这一概念尽管是由政府最先主导，然而必须通过企业和社会公众的实践才可以从政府的倡导变为一国的现实。而在这两者中，企业发挥的作用更为关键，因为在与社会公众的联系中，企业所起到的是更为主导的作用，企业的产品和宣传对于社会公众而言有着莫大的影响力，采用更多低碳技术生产的企业可以将这一理念传递给社会公众。日韩发达的钢铁工业造就的是强大的钢铁企业，这些钢铁企业一方面采取技术措施，加快低碳钢铁技术革新的进程；另一方面采取管理措施，在宏观方面把握碳排放量的大小，继而完成节能减排的目标。

重视企业的主体性是我国推进钢铁工业低碳化转型所需要特别注意的一个方面。我国政府在目前的经济社会中扮演了过于重要的角色，却因此在一定程度上忽视了企业的作用。企业不仅仅是市场经济的主体，还是低碳钢铁技术革新的主体，其主观能动性的发挥对于我国钢铁工业的低碳化升级而言至关重要。在我国，由于政府在经济中长期起着过于重要的作用，企业的主体性往往容易被忽视。然而在健康的市场经济中，企业，而不是政府，是最重要的主体。作为市场经济中最普遍的经济核算单位，低碳技术是否能够推广，企业的接受程度是最为关键的一环之一。日本和韩国的经验均表明，只有企业作为实现低碳钢铁技术革新的主体，低碳技术才能够得到有效的推广。在市场经济中，一种技术只有得到市场的接受和检验才能成为被广泛接受和应用的技术。如果技术不具备推广的可能性和经济方面的效率，即使政府强力去推动一种技术，在企业中的应用也会遭到失败。因此，我国在推进钢铁工业的低碳化转型时，一定要注意企业对技术的接受能力和技术所产生的经济效益。只有当钢铁企业成为主要的低碳技术开发者后，政府才算完成了培育发展低碳技术的最重要的环节，即将低碳技术从一个概念转变为了企业的普遍实际行动。

（三）为钢铁工业的低碳化转型提供良好的制度环境

除了加速低碳钢铁技术的发展之外，钢铁工业的低碳化进程也需要完善的制度对其进行保障。这种制度包括了法律制度在内的多个方面。钢铁工业的低碳化发展是一个方向性的转变，不仅仅是一个简单的技术问题，同样是一个对一个行业深层次的改造问题，因而必须依靠一系列的制度设计才能够实现这一目标。而主要的发达国家在技术问题之外的领域也加速了有关低碳经济的制度建设。我国要想实现钢铁工业的低碳化转型，也需要将低碳经济放到国家战略的高度上来，同时依靠一系列的法律制度作为重要的保障。

法律制度是保障钢铁工业的低碳化转型的制度环境的重要组成部分。在钢铁工业低碳化的起步阶段，法律的强制性作用一般而言会起到非常重要的作用。这是因为一个较新的概念在起步阶段的知名度和号召力不高，需要依靠法律的扶持。法律的强制性对于在钢铁工业中树立低碳观念以及提高钢铁企业碳排放的成本这两方面能够起到非常有效的作用。而在细节方面，我国应该借鉴发达国家的已有做法，不仅仅在宏观方面针对低碳经济进行立法，而且在微观方面要做更为细致的法律工作，使得低碳经济相关的法律法规具体可行。法律制度的完善将在国家强制力的高度上保证钢铁工业的低碳化转型的成功，而不仅仅是经济方面的鼓励和支持。钢铁工业的低碳化转型是我国发展低碳经济的重要组成部分之一，因而利用法律制度来规范这一进程的发展是相当必要的，这样才能在我国实现低碳经济的目标。

除了法律制度这一强制性的手段之外，我国还应该在强制性的法律手段和鼓励性的经济措施之间寻找其他的制度手段，如行业自律规范。经济措施是鼓励单个的钢铁企业和整个钢铁工业实现低碳化转型的主要手段，然而单纯的经济措施并不能完全实现这一目标。一个良好的制度环境已经被发达国家的经验证明了是有效的。

（四）引进发达国家的低碳钢铁技术

在低碳问题成为全球问题的当下，任何一个国家都不可能完全依靠本国的技术水平实现低碳化转型目标，低碳技术转移和交流十分重要。我国作为技术相对落后的发展中国家，仅靠本国的技术力量实现钢铁工业的低碳化转型是困难的。在低碳钢铁技术方面，我国应该承认目前的不足，大力引进发达国家的技术，并在引进足够低碳技术的基础上，发展我国自主的低碳技术。

引进发达国家的低碳钢铁技术的具体措施可以有较多选择，一方面，我国可以降低低碳钢铁技术的关税水平，使发达国家的低碳钢铁技术不至于面对高额的关税屏障，这对于引进技术而言有着相当关键的作用。另一方面，我国应该制定引进发达国家低碳钢铁技术的计划和规范，有序地、有计划地引入发达国家的技术，提高引进技术的效率。这样才能在数量和质量上同时完成引进技术的任务。单纯地引进发达国家的低碳钢铁技术是不够的，还需要在引进的基础上对这些技术进行消化吸收，推动我国低碳钢铁技术的发展。

丝绸之路经济带建设要围绕"西向开放"做文章

陈　耀

　　"丝绸之路经济带"概念提出以来，我国许多地区尤其西部省市纷纷行动起来，以抢抓机遇加快自身发展。在国家尚未出台相关规划和指导性意见之前，有必要研究、明确"丝绸之路经济带"的核心内涵、功能作用及建设重点，以期引导各地区朝着正确方向行动，避免盲目性和盲动。根据习近平总书记的讲话和中共十八届三中全会的《中共中央关于全面深化改革若干重大问题的决定》（以下简称《决定》）精神，丝绸之路经济带、海上丝绸之路建设，主旨是扩大我国同周边国家的经济贸易联系，加快内陆沿边开放步伐，形成全方位开放新格局。因此，我认为，对外开放是核心，我们必须围绕"西向开放"这条主线，做好丝绸之路经济带建设这篇大文章。

一、内陆沿边开放是我国对外开放的"短板"

　　我国实行改革开放已经整整 35 年，初期对外经济交流十分有限，货物进出口世界排名仅列第 29 位，如今已成为货物出口额世界第一、进口额世界第二的贸易大国，外贸的发展逐步缓解了严重制约我国经济发展的外汇、资金、技术、管理、市场、能源资源等缺口，成为拉动经济的"三驾马车"之一。同时，我国连续多年成为吸收外商直接投资最多的发展中国家，世界排名上升至仅次于美国的第二位。逐渐成长起来的中国企业也开始走向世界，成为全球第三大对外投资国。不断扩大对外开放，有效利用了"两种资源、两个市场"，为我国经济持续发展和转型升级做出了积极的贡献。

然而，我国对外开放的推进从地域空间上看很不平衡，外贸、外资、外经主要集中在东部沿海地区，尽管从"九五"计划时期就提出要把重点转向中西部地区，但迄今过去快 20 年了，这种转变微乎其微。据 2012 年统计测算，在按境内目的地和货源地分的全国进出口总额中，西部 12 省区仅占 5.96％，其中，处在古丝绸之路上的西北 5 省区（新疆、陕西、甘肃、宁夏、青海）只占 1.54％；西部外商投资企业年底注册登记数为 36686 户，投资总额为 2567 亿美元，分别占全国地区总量的 8.33％和 8.17％，其中西北 5 省区分别仅占 2.36％和 1.61％。这和西部大开发提出初期的开放格局基本没有改观（当然，外贸外资总量在增加）。

内陆地区尤其西部对外开放程度低的原因是多方面的，如自然区位交通条件偏远、经济技术基础薄弱、周边多数国家经济落后及政治不稳定，以致我们的对外开放长期是"东向开放"，即以东部沿海地区为主体，主要通过海洋运输与国外开展经济贸易往来。随着我国经济的持续发展，对能源资源的需求和国际市场多元拓展的需要日益增强，特别是古丝绸之路沿线国家和地区提振经济的愿望日益迫切，这样，我国适时实施扩大"西向开放"战略，依托亚欧陆路大通道，大力推进丝绸之路经济带建设，开辟与中亚、南亚、西亚乃至欧洲国家的经贸合作新格局，也就成为历史的必然选择。

二、推进丝绸之路经济带建设的重点领域和区域

丝绸之路经济带可以看作沿路各国经济合作的"共同体"（近中期作为区域性经济合作的纽带建设，远期可考虑建立经济更紧密联系的制度安排），因而需要相关国家的共同努力。我国作为这个"共同体"的倡导者，也是"共同体"内部经济总量最大的国家，应当承担更多的组织协调责任和建设任务。目前，国家层面要做的就是围绕"五通"具体推进建设，也就是加强政策沟通，各国在政策和法律上为经济融合"开绿灯"；道路连通，打通从太平洋到波罗的海的运输大通道，完善跨境交通基础设施；贸易畅通，消除贸易壁垒，降低贸易和投资成本；货币流通，在经常项下和资本项下实现本币兑换和结算加强各国之间货币的流通，降低流通成本；民心相通，加强人民友好往来，增进相互了解和传统友谊。

从国内区域层面看，丝绸之路经济带建设要重点考虑以下几个问题：

第一，以西北五省区为重点建设省区，打造西部开发的升级版。西部地区占全国71%的国土面积和28%的总人口，经济总量仅占全国不足20%，因而既是资源富集地区又是经济欠发达地区。但从西部地区内部看，西北和西南又有很大差异，西北地广人稀，干旱缺水，西南相对则人多地少，山多土少。总体上，西北地区经济欠发达的程度要高于西南地区，对外开放的程度要低于西南地区。2012年统计显示，西北5省区（陕甘宁青新）经济总量为31844亿元，西南五省市（云贵川渝桂）

则为 65479 亿元，西北经济总量不到西南的一半。西北地区进出口总额仅占全国的 1.5%，而西南地区则占到 4.0%；西北地区外商投资仅占全国地区总量的 1.3%，而西南地区则占到 5.5%。

古丝绸之路途经的国内省份主要在陕西、甘肃、新疆等西北地区，建设丝绸之路经济带的战略为西北地区带来了新的发展机遇。西北地区虽然是全国经济发展的"洼地"，但却是资源禀赋的"高地"。石油、天然气、煤炭、风电、太阳能等能源，黄金、有色金属等矿产资源，以及生物和旅游资源，不仅丰富而且组合条件好，广袤的土地也为经济开发提供了巨大的空间。西部大开发十多年来，西北地区的交通、通信、能源、水利等基础设施条件和脆弱的生态环境均得到很大改善。特别是，国家"西向开放"的战略将使西北地区偏僻的地理区位劣势得以改变，由开放的末梢变为开放的前沿。

借助丝绸之路经济带的建设，必将进一步完善西北地区的基础设施，促进西北乃至整个西部地区优势资源的开发，提升对外开放水平，并为我国经济持续平稳增长提供有力支撑。因此，我认为，将西北五省区作为丝绸之路经济带的重点建设省区是合适的，下一步要尽快做好总体规划和分省区规划，明确各省区定位及重点建设领域。

第二，吸引东部产业转移，建设以西向国家为目标市场的加工贸易基地。丝绸之路经济带要以互联互通建设为纽带，以产业发展为支撑，以对外开放政策为保障。就经济带的产业发展而言，主要有以下两个方面：

一方面是优势资源的开发和就地转化，西北地区能矿资源开采程度低，加工程度低，产品附加值低，因此要通过加大资金投入和利用先进技术，解决优势资源开发中的"三低"问题。

目前，包括央企在内的许多大型企业进驻新疆等资源富集地区，但不少是着眼于掌控资源为目的，要尽可能利用大企业科研和经济实力，帮助当地提高资源加工深度，延长产业链条，生产更多高附加值产品，不仅销往内地而且通过丝绸之路大通道，销往国际市场，这对带动西北地区尽快发展具有重要意义。

另一方面是在重点建设省区创造好的环境，积极吸引东部产业转移落户。东部企业向西部转移主要有三种类型：成本驱动、资源驱动和市场驱动。除了资源型企业之外，建议东部沿海地区众多加工贸易企业也可以考虑向这里迁移，就是要在重点建设省区通过鼓励东部产业转移，建设面向中亚、南亚、西亚乃至欧洲市场的加工贸易生产基地。首先是因为西北地区距离这些市场区近，物流成本可以大大节省；其次是西北地区劳动力成本、土地成本最低，环境容量相对大；最后是周边国家对物美价廉的中国产品有较高的接受度和美誉度，尤其是服装、鞋类、食品、轻工、家电、电子产品等。西北地区通过承接东部这类产业转移，不仅带动当地就业促进经济增长，还有重要的是可以改变西部长期资源依赖的产业结构，提升西部产业层次，同时也有助于东部"腾笼换鸟"，推动产业转型升级。

第三，依托沿线重要节点城市设立自贸园区，构筑"西向开放"的政策平台。从建设范围看，丝绸之路经济带要有三个空间层次：第一个层次是重点建设省区，也就是与古丝绸之路相邻相近的西北五个省和自治区，面积相对较大。第二个层次是新亚欧大陆桥沿线的节点城市，这包括西北地区的西安、兰州和乌鲁木齐，中原地区的洛阳、郑州和商丘，以及华东地区的徐州和连云港。这八个城市不仅地处新亚欧大陆桥上，而且都是连接南北通道的重要枢纽，具有将国内各个方向的货物汇聚和扩散的功能。需要说明的是，对丝绸之路经济带不能做狭隘的理解，认为只是古丝绸之路那条线，而要从当代中国西向开放的战略布局出发，把沟通亚欧陆路联系的新亚欧大陆桥纳入到丝绸之路经济带的建设范围，并作为主通道来建设和功能提升。通过这样适当向中东部延伸，有利于经济带获得更广阔的腹地、更强大的要素资源和产业支撑，更好地发挥经济带重要节点城市的集聚和辐射效应。第三个层次是自由贸易园区。与东向开放相比，我国的西向开放无疑起步晚、程度低，推进丝绸之路经济带建设必须扩大西向开放的水平，以开放促开发，以开放促建设，同样以开放倒逼改革。自由贸易园区是开放程度最高的制度安排和政策平台，目前率先批准设立的只有中国上海自由贸易试验区。按照中共十八届三中全会《决定》，在推进现有试点基础上，还要选择若干具备条件地方发展自由贸易园（港）区。为了提升西向开放的水平，建议选择经济带上重要节点城市（如西安、郑州、兰州、乌鲁木齐等），依托这些城市现有的国家已批准设立的综合保税区、出口加工区、航空港经济试验区等海关特殊监管区，经过相应整合优化和功能调整，升格为若干个"自由贸易园区"。在这些自贸园区也要探索实行"负面清单"管理模式，改革市场准入、海关监管、检验检疫等管理体制。

我国地区工业技术创新发展问题与对策建议

孙承平

我国各地区在长期的研究开发、技术创新中转化为新产品、新工艺和新服务能力具有明显的区域差异和地区优势，从而工业技术创新的路径呈现区域性特点。这种能力是在工业技术创新的过程中逐步形成的，是地区提高工业竞争力的重要途径。

一、我国地区工业技术创新存在的问题

在工业技术创新过程中，我国各地区在不同的技术环节上出现的问题不尽相同，具体表现如下：

（一）研究与开发（Research & Development，R&D）活动与企业相脱节，科技成果转化率较低

与东部地区相比，我国中西部地区的企业设有科研机构数量少，而且从事科技活动的企业数更少，研究开发的主体集中在科研机构与高校中，企业进行研究开发活动的主体地位没有确立，这导致科技成果与市场需求、企业生产经营相脱离，科研活动市场化程度较弱，科研成果虽然不少，但企业新产品产

出少，企业产品档次较低。例如，西部地区科研机构的科研经费和日常支出中企业资金投入相对较少，主要来自于政府部门的合同和财政预算，这就决定了在研究过程中注重政府导向而弱化非市场导向，而以政府导向的研究开发既存在着效率低下的问题，也存在着研究成果难以产业化的问题。

（二）各地区高新技术产业区发展规划相似度较高，缺乏明显的专业化分工与协作

在我国各地区高新技术开发区的科技发展规划中，主导产业的选择大多以电子信息、生物工程、新材料、新能源为主，产业结构雷同，产业发展层次相近，缺乏合理的产业分工，无法发挥各自的区域优势，即便在经济技术起点不同的开发区生产产品也较相近，导致各开发区缺乏产业特色，无法形成独特的产业技术优势。

（三）科技创新资源联动性差，整合难度较大

我国各地区在发展工业中存在区内协作难的问题，特别是针对工业的环境污染问题，受制于"行政区经济"，技术创新解决这类工业发展过程中区域溢出的问题时候，涉及多个省市区的多级行政机构，无法有效整合，导致我国经济区知识与创新资源的联系处于相对松散的状态，区域之间的关联性和整体性较差，削弱了地区整体的综合发展潜力。这种较弱的合作力度将阻碍知识、技术和人才等创新要素的自由流动与扩散。

（四）产业配套条件较弱，科研合作紧密性较差

目前，我国各地区特别是城市群之间的产业配套条件较弱，特别是基于知识的产业间联系不够紧密。处于产业链不同环节的公司之间的相互学习和建立共同的知识基础将产生技术性"外部经济"，而这将使该产业链的所有公司受益，并提升产业

的整体竞争力与实力。京津冀地区与长三角和珠三角各城市群相比，产业间没有形成合理分工，产业相互配套上较弱，由此导致北京的一些大企业、大公司将生产制造基地并没有放在空间距离相近的河北地区，而是选择布局于东南沿海地区，有的最后导致公司总部迁移。近年陆续发生总部搬迁到上海的现象，除了企业的正常迁移外，与北京缺乏强大的制造业环节和产业配套设施的支持密切相关。无法实施产业的中试等诸多配套环节，将会削弱其研究开发优势，将不利于培育全产业链的竞争力。产业配套体系的建设将能产生软件与服务、研发与制造之间的知识扩散、合作学习等"外部经济"效果与技术创新的氛围，而不完善的配套体系将难以积累与制造活动有关的专业知识、技术创新，更无法形成训练有素的专业化产业工人和工程师队伍。没有制造环节的紧密跟进，即使政府在研究开发方面投入再大，也很难使像京津冀以研究开发为优势的地区在高技术产业的关键性技术领域取得突破。

（五）高等院校和科研院所科研产业化程度低，与地区工业技术创新衔接不紧密

高校与科研院所在我国各地区的科技发展和技术创新起到了重要的推动作用，但由于科研院所的长期非市场化，使集中在科研院所的科学家和工程师多年来研究的课题大多不能解决产业发展中急需的问题。相当一部分技术成果也处于实验室产品阶段，无法走向规模化生产，无法承担许多中试等后续改进工作及相应的风险，难以开发提升产品的深度。同时，近些年来我国各地区企业面临用工难的问题，特别是对技术创新产业工人及创新人才需求更强烈，但同时各地区高校与科研院所在专业设置、招生、科研成果等方面与企业需求相脱节，无法为企业提供技术人才，形成"用工难"与"就业难"的两难

局面。

（六）工业技术创新效率低下，后续阶段力量薄弱

在我国各地区工业技术创新过程中，普遍存在着 R&D 的资源投入大，但创新成果并不一定多的现实问题。过于强调 R&D 投入，而忽视创新过程其他环节的管理和市场导向，技术成果的商业价值就可能较低，技术创新就无法实现产业化。我国各地区工业技术创新产出与效率较低的一个重要原因，是后续阶段管理与投入薄弱且不到位。相比较于 R&D 的投入量，其创新过程中试验发展及产品市场研发两个环节明显薄弱，重视力度不够。总体来看，我国中西部地区大中型工业企业用于试验发展的经费占大中型工业企业 R&D 经费支出的比例远低于东部地区，与消费需求直接相关的新产品经费的支出比例也较低，明显低于东部地区，而这两个环节都是技术创新商业化极为重要的阶段，直接影响到地区工业的现实竞争力。

二、我国各地区工业技术创新建议与措施

我国各地区的工业技术创新呈现明显的地域性差异，不但板块间的差异性极大，而且板块内也存在明显的差异化。因此，要围绕如何发挥区域优势，紧密结合工业技术创新战略与区域经济非均衡发展的规律，围绕着推动"科技资源的合理配置"以及如何提高"科技资源的利用效率"这两个核心问题展开。

（一）搭建工业信息技术平台

依托现有信息网络和信息资源，对接科技型企业、科研机构和大专院校，建设区域性科技信息发布平台，以信息化促进工业化，推进各地区信息网络互联互通，共享科技信息、研究创新资源，满足信息服务、信息发布、信息交换和决策智能化

的需要。

打破传统的工业开发与研究创新模式，围绕产品建设与产业发展，整合各地区重点实验室、工程技术中心、科研院校科技资源，建设专业化的技术平台，提升科技创新能力，共享技术转移和科技资源。进一步发展跨区域、跨国界的科工贸、产学研、科工农等多种形式的联合体，加强科技应用、信息交流方面的联合，实现资源共享，互联互通，优势互补。通过建设形成区域性的信息技术管理平台，优化重点区域的科技力量布局，以城市群或经济协作区为主体，选择重点区域，合理配置科技创新资源，避免资源浪费和重复建设。

（二）强化企业的创新主体地位

确立企业的主体地位，使企业真正成为研究开发主体，成为推进地区工业技术创新的主力。地区工业技术创新过程中，必须由企业来承担创新的重任，把一些科研院所逐步归入企业，引导鼓励企业研究开发资金投入，不断提高研究开发资金占销售收入的比例，增强、储备企业的研究开发实力，特别是在实现中西部地区工业技术创新的过程中，必须强化企业创新的重要意义。

（三）人才培育、引进、支撑体系的建设与完善

推进科技人才队伍的建设，着重从激励、使用、引进、培养四个方面入手，形成尊重知识、尊重人才、尊重创新的氛围，创造人尽其才、才尽其用的社会环境。企业本身要建立有效的激励机制，鼓励科技人员从事创新活动的积极性；政府设立中小微企业发展基金，以鼓励、引导高技术人才进入中小微企业。充分利用地区内高校、研究单位和学术团体的教育资源优势，更新、补缺、扩展和提高职专业技术人员和广大职工的知识。

实现人才的合理流动，通过创新人才制度，促进人才区域性自由流动，降低流动成本，为工业发展提供无障碍流动的人才需求环境。

（四）实施差别化战略，形成区域创新整体优势

在我国各地区工业发展过程中，应实施"制造差别化"战略，突出各地区工业创新链上的差别化优势，从而形成区域创新整体优势。东部地区应确立其研究与开发的优势，强化其研发、设计、性能、质量的优势，甩开一般加工制造环节；中部地区通过大规模生产，借助先进的工艺设备，降低产品成本，建立同等质量下的低价格优势；而西部地区拥有广大市场、区位优势，可以利用流通领域的能力，通过优质的售后服务创造服务方面的差别化。通过产业链生产过程的差别化措施，从不同环节获得竞争优势，从而形成区域整体优势。

（五）实行分行业差别化技术创新鼓励政策

依据区域产业特色及产业发展重点，应实行技术创新鼓励差别化政策。对以上游产业创新成果为主的行业，政府应鼓励企业及时采用上游产业的创新成果，有效地进行二次创新，以促进使用性创新集群的形成。对创新外溢效应较大的行业，特别是在资本品、原材料、基础元器件和零部件制造业等环节，政府应在政策上加大创新激励强度或直接给予资助，支持其提高技术水平和创新能力，同时要优化机制，创新技术供求机制和合理的利益分配机制，以有效地促进支持性创新集群的形成。尤其是对创新密集的产业，如化学、电子、机械等产业中的创新活动，政府应予以重点支持，重点倾斜，以带动整个区域系统中创新活动的开展。而对模仿创新比较活跃的行业，如消费品生产行业，具有市场容量大、产业集中度相对较低的特点，

政府应加强对市场的宏观调控，并及时提供准确的经济波动情况及市场信息，减少企业模仿创新的盲目性，降低风险，避免因模仿创新集群过度而造成集群不经济，防止行业进入集体性"波动陷阱"。

深化我国科研管理体制改革的几点建议

黄群慧　　张金昌

　　当前，我国科技领域存在着行政力量分配资源倾向，全社会的科技创新动力不足的问题。中共十八届三中全会提出促进科技成果资本化、产业化，找到了问题的关键，抓住解决问题的"牛鼻子"，现在需要拿出具体的、切实可行的改革措施，用壮士断腕的精神加以推进。

一、变立项研发为主为公开采购为主

　　现行的由财政资金投入立项，进行科学研究取得科研成果的方式，在一定程度上存在项目选择难、评选过程"暗箱操作"、评委负责而又无人负责、成果含金量差等问题。我们建议将主导科学研究的方式从过去的"前端立项投入"为主改为"采购已有科研成果"为主，即用财政资金直接购买已经取得的成果，激励科研人员在已有成果的基础上进一步专心搞科研。这样做的具体办法是，需要国家财政资金支持进行研究的科研项目，在立项前先进行公开采购，凡是项目预期的科研成果能

39

够直接从市场上购买得到，就没有必要资助进行重复性研究。只有那些不能在市场上公开采购得到的预期科研成果，才可以用财政资金主持立项研究。

这样做会带来以下好处：①可以在全社会范围内广泛了解、争论科研成果和科研成果的水平，将真正有水平的科研人员发现出来，实现科研成果的显性化展现和科研力量的社会化认知；②通过公开采购，在科研成果的公开评价、比较和定价过程中，一方面可以给予科研成果一个客观合理的评价，发现市场交易价格，另一方面让科研人员也能够了解自己的科研水平和水平差距，赋予其奋起直追的动力；③通过公开的评价、论争和采购，可以引导市场和社会力量对科研成果的认知，引导和鼓励市场力量、民间力量先行采购，只有那些民间力量不愿采购国家又非常需要的科研成果，政府才可用财政资金进行引导性采购，真正使政府的有限资金用在引导社会力量投资上。只有社会上、市场上没有的科研成果，政府才可以立项支持进行前瞻性、创造性研究。

二、建立公开科技成果的平台

科技成果从产生到转化为有用的技术、样品、产品，然后再将其商品化、产业化，这是一个比较漫长的过程，在这个过程中，存在大量的风险，需要政府力量的扶持和推动。政府可以将目前用于促进科技成果转化的资金用于科技成果转化中间成果的直接采购，形成成果导向的科技成果转化体制和机制。这样做的主要原因是，在科技成果转化领域，也存在着效果不明显、只重视能否立项和资金多少而不关注最终成果的问题。

建立科技成果转化阶段性成果的政府公开采购平台，将立项投资研发攻关为主转变为科技成果公开采购为主会有许多好处：①让奋战在各战线、各行各业的科技工作者通过市场公开交易和政府公开采购，使这些成果有机会得到认可、得到资金回报，形成成果导向的正激励；②借助于政府支持的、市场化的公开采购平台，科技成果的供求双方均可以不断交流信息，不断得到市场的反应，使其有可能在公开、公平、公正、透明的环境下达成科技成果的转让，让市场力量进行科技成果定价和激励；③对于那些市场需求不明、科技成果购买者有限、对国家和产业的未来发展有较大潜在贡献的科技成果，国家可以先行采购，储备起来，待时机成熟时再转售，以肯定科研人员的努力，引导科技发展方向，推动科技成果资本化。

三、建立科技成果产业化促进平台

产业化是建立在科技成果的样品化、产品化、商品化基础之上，通过大量投入来实现大量销售的一个过程，这一过程涉及许多环节，通常很容易失败，这是导致当前我国社会盗版、模仿、挖人、窃取技术秘密等各种投机行为盛行的客观原因。政府出资鼓励和推动科技成果的产业化进程，可以打破这种僵局，赢来创新驱动发展的新局面。

政府促进科技成果的产业化，也要建立市场的产业化促进平台，直接采购产业化各个环节上的科技成果，这些成果主要由成果发明创造者、样品生产制造者、产品生产线的设计制造者、大批量销售的前期市场开拓者、产业化标准的制定者等多个主体提供，政府和企业在这方面的投资绝大多数很难收回，在国外主要是由风险投资机构进行投资，在我国风险投资机构还不是很发达，需要政府力量适当介入以推动科技进步和经济发展。政府在这方面介入的时候，也要借助于市场力量，只有在市场力量失灵、科技成果产业化过程中断的情况下，政府才可以用直接采购的办法介入，以疏通科学研究、科技成果资本化、科技成果产品化、科技成果产业化整个链条，形成科研与经济良性的互动，有效对接的通路和桥梁，解决科技创新驱动经济发展的"瓶颈"问题。

四、改革科技评审和公示制度

现行的科技领域公示和异议争议制度，常常只公布项目名称、申请人、获奖等级或经费金额，不公布项目具体内容、预期成果和专家意见，如果继续沿用这种评价制度，政府出资进行科技成果及其各个转化阶段成果的采购，就又有可能变成新的"暗箱操作"，因此要从根本上进行改革。

首先，要采用专家实名网上公开评价制度，将专家的评价意见向社会公开并征求再评价意见，让专家个人的评价结论接受社会其他专家的检验。只有这样才能使评价制度公开、公正，对项目进行客观的评价。在科学问题评价上，需要的是专家的明确意见，而不是评委会投票的折中结果。

其次，凡是非涉密项目，无论是科研立项、科技评奖，还是科技成果采购、成果转化过程购买，均应当公示相应的目标、内容、预期成果和评价意见等实质性内容，只对这些内容的公开讨论和争论，才能避免重复立项，防止重复奖励，杜绝低水平研发，推进全社会科研水平和力量的提高，才能使全社会形成重视科研、追求真理、激励创新的良好风气。

五、改革软件著作权登记制度

软件在科学研究和经济发展中的重要性不断提高，但我国当前的软件保护存在以下缺陷：一是软件著作权登记机关不进行实质性审查，只进行形式审查，这样做的结果是那些通过盗版、偷窃、挖人等方式获得他人源程序的企业或个人也和原创者一样，非常容易地获得国家软件著作权登记证书并获得合法保护；二是我国的专利法规定"智力活动的规则和方法不授予专利"，这又使得大量软件领域的知识产权、发明创造得不到专利法的保护。这种著作权法和专利法都不能对软件创新进行有效保护的现状，非常不利于我国软件企业和产业的发展。因此提出以下建议：第一，国家版权局在登记软件著作权的时候要进行实质性审查，进行源程序的比对，将盗版者、偷盗源程序者拒绝于著作权保护之外。第二，修改《专利法》，应允许软件产品申请专利。现在美国、欧盟等均准许"智力活动的规则和方法"申请专利，虽然软件专利申请还存在很多争议，但是在知识经济、智慧产业、智能商务大发展的智能化时代，我国企业不能申请这种类型的保护，总体上不利于我国企业的发展，不利于创新者积极性的提高。

中国省际包容性财富表明：大力发展第二产业仍是提升我国包容性财富水平的必经阶段

李　钢　刘吉超

当前，各国通常用国民账户体系（SNA）中的国内生产总值（GDP）作为核心指标衡量一个国家（或地区）经济发展水平。但 GDP 指标一方面核算经济活动的流量，而对一国的经济活动的存量难以衡量；另一方面不能全面反映经济发展所付出的生态环境破坏成本与资源消耗的代价等外部性影响，难以判断经济社会可持续发展的潜力。目前国际学术界认为包容性财富可以在一定程度上解决上述问题。

一、省际包容性财富表明 20 年来中国走在了可持续发展的道路上

随着经济发展和环境之间的矛盾日益突出，学者们也在不断寻求更完善的衡量经济社会发展水平的指标。近年来包容性财富指数逐步得到学术界的认可，认为其不但能够反映国家的

富裕程度及财富的内涵和质量，还能反映出一国经济的可持续发展能力。一般国际上计算包容性财富包括三部分内容，即人力资本、生产性资本和自然资本。人力资本衡量了由于教育培训等投资所增加的凝结在劳动力中的人力资本；生产性资本主要衡量了由于固定资产投资所凝结在生产资料中的物质资本；自然资本主要是指矿产资源、林业资源等自然资源。

研究显示，按照 2010 年可比价格计算，1990 年和 2010 年中国包容性财富总额分别为 122 万亿元和 226 万亿元，年均增长 3% 左右；不仅全国包容性财富总额在增长，而且各省包容性财富总值均有所增长。不仅如此，除山西省之外各省的人均包容性财富也有所增长。这表明近 20 年来中国经济发展虽然付出了一定的代价，但却走在了可持续发展的道路上。

二、改革开放以来工业是我国包容性财富增长的最重要源泉

从中国包容性财富三大组成部分的历史演变看，1990 年的人力资本、生产性资本和自然资本占包容性财富总值的比例分别为 39%、8% 和 53%，到 2010 年这三大财富占比分别变为 36%、38% 和 26%，说明在中国包容性财富构成中，自然资本占比在不断下降，生产性资本的占比持续上升，而人力资本占比则经历了先上升后下降的变化轨迹。1990 ~ 2010 年中国包容性财富值年均增长 3.1%，其中人力资本、生产性资本和自然资本年均增长率分别为 2.7%、11.4% 和 - 0.4%，可以说生产性资本的快速增长是中国包容性财富增长的最大动力源泉。生产性资本的形成是靠投资形成的，而投资主要是由工业产品形成的，这表明工业的发展是近 20 年来中国包容性财富增长的最重要源泉。

中国省际财富排名变化表明，注重工业发展的省份包容财富增长较快。1990 年中国各省份中包容性财富值排名前三位的

依次为山西、内蒙古和山东，分别为 10.1 万亿元、9.1 万亿元和 9.1 万亿元；2010 年中国各省份中，包容性财富值排名前三位的依次为山东、广东和江苏，分别为 18.9 万亿元、16.5 万亿元和 16.0 万亿元。

三、中国人均包容性财富值与发达国家差距较大，"以经济建设为中心"仍将是长期顶层设计的核心

虽然中国包容性财富总量有较大的增长，但中国人均生产性财富与世界主要国家相比还处于较低水平。2008 年，美国财富总量是中国的 5.9 倍，日本是中国的 2.8 倍；美国生产性财富（生产性资本）是中国的 3.6 倍，日本是中国的 2.4 倍。就人均财富而言，中国与发达国家差距更大，美国人均财富是中国的 25.7 倍，日本是中国的 28.7 倍。即使中国人均包容性财富水平较高的上海、北京、天津等省（市）也排名在全球约 3/4 的国家后面。这表明，总体来说，中国人均包容性财富与世界主要国家相比水平较低，仍旧是穷国；若想让中国人民过上高质量的生活，不断积累财富仍旧是当前中国的主要任务。而财富的不断积累需要不断依靠经济增长，因而改革开放总设计师邓小平同志的判断"党的基本路线要管一百年"仍旧没有过时，"以经济建设为中心"仍将是未来长期顶层设计的核心。

四、深入把握国情，大力发展第二产业，持续推动中国包容性财富增长

（一）生产性财富的增长是带动中国人均财富提升的突破口

从三种财富的类型来看，生产性财富最有可能成为带动中国人均财富提升的突破口。自然财富是难以通过人力增加，而

生产性财富可以通过工业化的手段快速积累。人力资本财富对包容性财富诚然有最终的决定作用，但人力资本财富的积累及其数量在很大程度上又取决于一国物质财富水平，特别是对于目前中国这样的发展中大国，生产性财富的积累对于人力资本财富的提升又起到至关重要的作用。从理论上讲，人力资本财富的估算无论采取预期收益法还是成本法都与一国人均收入高度相关，而一国收入又与一国的物质资本高度相关。以收入法为例，一国人均收入在很大程度上取决于一国人均的物质生产能力，因而我们看到同是餐厅服务员的美国服务员收入会远高于中国餐厅服务员，在计算人力资本财富时一名美国餐厅服务员的人力资本财富也会远高于中国餐厅服务员；在教育、医疗等服务行业此类现象大量存在，由此而造成的中美两国的人均人力资本的差距，不能通过人力资本投资缩小，而仅能通过提升中国人均物质生产能力（简单地说就是提升中国第二产业的生产效率与总量）解决。因而对于中国这样的发展中大国，在当前阶段生产性财富对于人力资本财富的提升起着至关重要的作用，中国质量型人口红利的释放要求新的生产性财富形成并与之匹配。

（二）投资是生产性财富增长的源泉，要防止简单把投资"妖魔化"的倾向

生产性财富的积累，从宏观角度来看就是历年累计的投资量。当前，国内有一种简单把投资"妖魔化"的倾向，过多地看到投资带来的"产能过剩"、"挤出消费"等短期"莫须有"的问题，而没有看到中国所处的发展阶段所必须要解决的历史性任务。当前，中国工业化和城镇化远未完成，人均拥有的资本存量与发达国家相距甚远，如果保持中国目前的投资增长率，中国的人均生产性财富值要到 2034 年和 2035 年才能先后与美国和日本持平。相对于发达国家而言，中国"家底薄"的局面还没有发生根本性的改变，投资对中国目前阶段经济发展仍旧有巨大作用。我们必须要在目前发展阶段保持较高的投资率，从而使中国人均生产性财富加快赶超发达国家，这是提升中国人均财富水平，进而提升国民幸福水平的必经阶段。

（三）工业仍将是财富积累的主要行业

生产性财富的积累，从行业上来看，主要是第二产业产品，特别是资本品、重化工业产品的累计消耗量。为不断提高人均生产性财富拥有量，中国大量工业品的消费将不可避免。当然，我们不能完全重复发达国家所走过的工业化道路，而必须要走新型工业化的道路，但工业化的基本特征没有发生实质性的变化，必要的物质和生产性财富的积累是深入推进工业化、提升人民生活水平的必要条件。考虑到中国人均矿产资源储量低的国情，国际贸易对中国具有格外重要的战略意义，虽然中国制造业已经具有了较强的国际竞争力，但如何进一步提升制造业的国际竞争力仍旧是中国经济所面临的重大挑战。

总之，为实现中华民族伟大复兴与人民长远幸福，不仅要看到中国第二产业仍有长期、巨大的发展空间而且要认识到只有把建立工业强国作为基本国策，中国才有可能真正成为世界一流强国。

加快推动工业文明与生态文明融合发展

杨丹辉

中共十八大将生态文明建设提升至前所未有的高度，要求将生态文明建设融入经济建设、政治建设、文化建设、社会建设各方面和全过程，列为"五位一体"总体布局，并以生态文明建设为导向，为亿万中国人民描画出"美丽中国"的宏伟目标和光明愿景。中共十八届三中全会又进一步提出加快生态文明建设，建立系统完整的生态文明制度体系。

从生态文明"天人合一"、尊重自然的基本理念和价值取向来看，似乎与以物化手段"征服自然、改造自然"的工业文明在内在逻辑上存在不可调和的矛盾。然而，从原始文明到农业文明，再到工业文明，进而迈向更加和谐、可持续的生态文明，人类文明的演进本身就有一定的客观规律。当前，我国总体上仍处于工业化中期的后半段，工业化道路并未走完。在这种情况下，一方面，高质量的实体经济将为生态文明建设提供物质基础和财富积累；另一方面，面对加速工业化的资源和环境约束，按照生态文明建设的要求，加快产业转型升级，实现工业绿色、循环、低碳发展，成为新型工业化发展的目标方向和根本路径。

一、正确认识工业文明与生态文明的关系

当下有一些观点将工业文明与生态文明对立起来，把人类面临的资源和环境问题都归于工业生产，认为全球能源短缺、资源枯竭、物种灭失、环境恶化、生态破坏、气候变化、灾害频发等重大可持续性问题都是工业化的直接后果，这种认识无疑是偏颇的，而且这种错误认识有可能给工业发展环境带来不利影响，一些地方政府对发展工业项目产生了疑虑。工业文明固然有其历史局限性，但应该肯定的是，工业生产既是现代物质财富的主要来源，也是物质文明的基础。过去三百余年的工业文明进程中，在工业技术、组织、制度创新的激发下，人类的智慧和创造力得以深度开发和充分释放，而人类生存的状态和条件也有了实质性改善，人均寿命大幅度提高，物质产品和各种服务更加丰富，交通越来越便利，信息快捷畅通，工业文明对人类生存发展的贡献不容置疑。

对于中国这样一个发展中大国，在尚未完成工业化的条件下，建设生态文明的任务独特而艰巨。应该看到，过去三十余年创造了"中国奇迹"的工业化发展，是后发式、赶超型的工业化。不仅消耗了大量国内资源，而且还吸收了全球资本、技术等各种生产要素，大规模承接产业转移使得中国工业制成品生产和出口能力急剧扩大。这种工业化模式大大提升了中国在国际分工地位，今天中国已经成为世界贸易第一大国，全世界各个角落都能找到物美价廉的中国制造的工业品，并让中国这个千年文明古国以傲人的姿态站在了经济现代化的门口，实现了 13 亿人口大国工业化的人类前所未有的壮举。然而在取得举

世瞩目辉煌成就的同时，中国的工业化进程并不均衡，各地区工业化水平相差较大，像北京、上海等大城市开始进入后工业化时期，服务业在地方产业结构中占据主导地位，而不少中西部省区仍处在工业化中期，甚至是初中期。工业对中西部地区经济增长仍起着重要的拉动作用。即使到 2020 年全国基本实现工业化，地区之间工业化水平的差距短期内也很难消除。再从产业结构来看，受人口规模、地区差距、收入差距等因素影响，中国产业体系表现出极大的包容性和复杂性。从服装、玩具、箱包等传统劳动密集型工业部门到电子信息、装备制造、生物医药、航空航天等先进制造业，从投资小、经营分散的个人服务业到高度虚拟化的高端金融服务业，从遍布城乡的小商品市场和流动摊贩到股票、期货等金融产品市场，各种档次的产品、服务和商业业态在中国都能找到消费群体，都具有市场容量和发展空间。这就决定了中国产业升级必将是一个目标多元化、长期渐进的过程。

尤其值得注意的是，21 世纪初这一轮快速工业化与工业文明建设并不同步。总体来看，中国工业文明发展滞后于工业化进程。这主要表现为，虽然物质财富急速膨胀，但对劳动技能和创新精神的社会认可度、个体意识与集体精神的协同度以及中产阶级的规模和社会地位等工业文明所包含的基本社会价值，至今在中国尚未充分发育，与之相反，社会经济中突出的二元结构，介于传统农民和产业工人之间的社会身份、游离于城市与乡村之间的农民工大军，无处不在的社会等级，企业家普遍缺少专注、扎实的实业精神，这些都反映出中国经济社会在很多方面仍未能完全脱离农业社会的影响和印迹，距离真正的社会主义工业文明还有相当长的路要走。

同时，回顾人类工业化历史可以发现，世界上真正实现

"赶超式"发展和经济现代化的后起大国并不多见。当后发优势的边际效果减弱，经济增速由快转慢，后起国家工业化往往会被锁定在低水平的模仿路径上，进而对低价资源和投资扩张产生深度依赖。其中一些结构严重失衡的国家会自此陷入"中等收入陷阱"而长期徘徊不前，部分拉美国家便是典型实例。这些国家的主要教训在于以有形要素投入支撑工业化发展，而未能在工业化的同时，形成以社会观念和民族文化心理为支点的现代制造文明。

目前，中国经济社会转型面临着资源环境、收入分配、外部风险等一系列不确定因素，经济增长的质量和可持续性都有待进一步巩固提升。特别是在实体经济领域，正是由于工业文明中的企业家精神和创新氛围不足，在土地紧缺、劳动力成本攀升、资源环境约束增强的巨大压力下，很多民营企业对寻求新的实业增长点缺乏足够的耐心和定力，从而盲目进入房地产、金融等虚拟经济部门，这种转型并不是真正意义上的产业升级。相反，在尚未夯实打牢实体经济基础的情况下，大规模的"去制造业"对中国经济来说是异常危险的信号。

因此，面对中国的特殊国情和不均衡的工业化进程，不应将生态文明与工业文明割裂开来，而是要推动工业文明与生态文明融合发展。既要深刻反思粗放式工业发展对环境和生态系统造成的严重破坏，加快弥补粗放式工业发展模式造成的生态欠账，又要客观分析生态文明与工业文明的兼容点，充分吸收利用全球工业文明的物质财富、技术手段和组织制度，全面升级改造经济社会发展的理念和组织方式，从而在加快推进新型工业化，使13亿中国人民充分享受工业化成果的同时，实现对传统"黑色"工业文明的否定，并以更加坚实有力的步伐超越工业文明，跨入生态文明的崭新境界。

二、"美丽实业"是构筑"美丽中国"的基石

生态文明建设离不开实体经济的支撑，全面建成小康社会更需要新型工业化、信息化、城镇化、农业现代化的协同发展。而在"美丽中国"的宏伟构想中，如果没有"美丽实业"做基石，这一蓝图和愿景也将终成"空中楼阁"。长期以来，人们总是习惯于将"实业"直观地等同于工厂，想到的是烟囱林立、噪声鼓噪的厂区和忙碌地重复着单调劳动的流水线工人，这样的画面无论如何都很难与"美丽"联系到一起。实际上，这种不美丽甚至"丑陋"的实业恰恰反映出工业文明初期的典型特点及其局限性，是工业发展与自然对立的结果。而众所周知，工业历来就具有"革命"的内在动力和制度环境，现代工业文明在历经一次又一次工业革命后，完全有可能形成与生态文明兼容的技术、产品和组织模式，以凝结着人类智慧、创造力和劳动的精美工业设计，展现"美丽"实业姿态，构筑生态文明的物质基础和财富基础。

实体经济领域革命性变革的一般规律在初现端倪所谓的"第三次革命"中再一次被验证。在 3D 打印等标志性技术支撑下，全球化个性化制造方式将取代大规模生产和大规模定制模式，成为"第三次工业革命"的主流生产范式。进入 21 世纪，能源和矿产资源领域激烈竞争十余年的时间，技术和组织变革带动的这种新兴制造模式又一次强有力地宣示了人类以创新突破资源桎梏的能力以及工业领域自我调整、自我发展的内在机制。"第三次工业革命"为发达国家"再工业化"、"重振实体经济"带来了新的机遇，但却使发展中国家凭借低成本资源、环境和劳动力获得的比较优势被进一步削弱，大量消耗资源、不计环境成本的赶超式战略，其实施效果必将受到影响。同时，

在更加开放、多元化的制造网络中，个体和小微企业的创造力和活力将得以更充分地彰显和释放。从这个角度来看，"第三次工业革命"有可能成为工业文明与生态文明融合升华的有利契机。

相对于新工业革命的影响，对中国现阶段的工业化来说，一个更为现实的命题是如何依靠转变发展方式，以技术创新和结构调整为主要抓手，加快产业升级，以此改变实体经济的面貌，进而为中国实业增添"美且和谐"的元素和色彩。中共十八大提出，"着力推进绿色发展、循环发展、低碳发展，形成节约资源和保护环境的空间格局、产业结构、生产方式、生活方式，从源头上扭转生态环境恶化趋势，为全球生态安全作出贡献"。这为产业升级进一步指明了方向和路径，未来产业升级应以绿色、循环、低碳发展为导向，将中国实体经济推向精致化、高端化、服务化、信息化的发展之路，推动工业文明向生态文明融合演进。

其中，"精致化"制造是现代工业文明与生态文明融合的集中体现。几千年的农业文明为"中国制造"打下了很深的烙印，企业家追求做大做强，而不是做精做美；产业工人的职业规划和认知模糊，在各自岗位上改善工艺和质量的自觉性、自主性不足，导致"中国制造"长期停留在产业链低端。近年来，我国电子信息、装备制造等产业国际市场份额不断扩大，竞争力逐步提升，但应该看到现阶段这些产业的竞争力主要体现在制造成本以及总成技术等短链条创新能力上，而真正体现工业文明积淀和工业整体素质的关键材料、零部件、设备和工艺等却仍需进口，因此向精致化升级发展要求在发扬光大中国传统文化精粹的基础上，彻底摒弃"大而化之"的思维方式，下大力气重塑制造文明，坚持以人为本，以精艺的态度、精湛的工艺、精细的管理，最大限度开发自然资源的效用，挖掘劳动者的创造力和技能，生产制造精致化的产品，全面提升"中国制造"的质量，在国际市场上扭转中国产品质次价廉的形象，同时也更好地满足国内建设小康社会消费的升级需要。

三、坚持以市场化为导向，推动工业文明与生态文明融合发展

人类文明演进的主体始终是"人"，而建设有中国特色的新型工业文明、实现工业文明与生态文明融合发展的核心也是"人"。这其中既包括掌握先进制造理念，具备企业家精神的实业投资者和管理者，敏锐活跃的研发创新团队，也包括敬业勤奋的现代产业工人。这些不同群体不仅是新型工业文明的缔造者，同时作为消费者，他们也将是工业文明和生态文明融合发展成果的最终受益者。因此，激发不同群体创新热情、创造能力，维护他们作为投资者、劳动者、消费者的权益和尊严，是改善工业发展总体环境、提升工业整体素质的关键。为此，一要深化财税体制改革，不断优化税收结构，一方面加快资源税、环境税改革试点，推进环境成本内部化，另一方面以普遍性减税为方向，切实为实体经济减负增效；二要进一步完善知识产权保护体系，创新股权等激励措施，鼓励创业创新；三要开拓针对在职职工和全体居民的培训教育思路，加大职业培训投入力度。同时，践行社会主义核心价值，加快建成社会诚信体系，保护劳动者和消费者权益，夯实工业文明发展基础。

在生态文明建设中，虽然生态公共产品应主要依靠国家提供，但符合生态文明建设方向的产业升级却要强调市场配置资源的决定性作用。归根结底，"美丽实业"并不是一个简单的工程或项目，因此不应以"项目"或"工程"的思维来实行，而是要在市场化的导向下，依靠更多的优秀中国企业共同推动。

55

要始终坚持企业在产业升级中的主体地位，依靠企业和基层的创造性实践，把缔造新型工业文明的想象和实践空间更多地留给企业，促使现实中巨大的市场竞争压力转化为企业自主转型升级的迫切意愿和持久动力。

工业文明和生态文明融合发展的另一个重要领域和重大契机是中共十八大提出的"发展海洋经济，保护海洋生态环境，建设海洋强国"。这不仅是新时期我国拓展资源空间、发展新兴产业的客观需要，也是建设生态文明的重要步骤。从世界海洋大国和周边国家战略调整的动向来看，开发利用海洋资源、将经济政治触角伸向海洋已成为 21 世纪大国战略的新潮流。虽然除石油和天然气等资源之外，世界范围内海洋矿产开发尚未进入规模化和商业化阶段，但必须清醒地认识到，海洋是今后可供人类开发利用为数不多的、成规模的资源储地。我国海洋资源开发和海洋产业发展，需要顶层设计的支撑。应站在更高的起点，采用全新的模式和技术，将绿色、低碳、生态、可持续的理念贯穿到"海洋强国"建设之中，将现代高端海洋产业纳入"美丽实业"体系，避免在新的重大战略领域重复资源浪费、环境破坏的粗放模式，走低水平规模扩张的老路，使我国丰富的海洋资源得以永续、高效利用，为"美丽中国"增添浩瀚而纯净的"蓝色"。

从日本经验看我国国有企业管理人员的薪酬管理

刘湘丽

近年来，我国社会阶层间的贫富差距明显扩大，引起了各方面的关注。而其中国有企业管理人员的优厚工资待遇，已成了贫富差距的典型社会现象之一，有可能成为社会摩擦产生的诱因。从日本的经验看，国有企业管理人员的工资水平比照公务员工资制定，与社会其他阶层的差距最高不超过 10 倍。并且，日本国有企业管理人员薪酬信息公开透明，在社会监督下降薪的事也时有发生。我国可借鉴这些做法，通过采取分类制定法律、增大薪酬透明度、调整薪酬标准和提高其他阶层收入的措施，来改进我国国有企业管理人员的薪酬管理，真正实现国富民也富的梦想。

一、我国国有企业管理人员收入现状

资料显示①，2011 年年薪超过百万元人民币的 A 股上市公

---

① 福布斯中文网. 2012 福布斯中国 A 股上市公司 CEO 薪酬榜，http：//www. forbeschi-na. com/review/201206/0017913. shtml.

司 CEO 有 294 位，他们的平均年薪为 194 万元。294 位 CEO 中，151 位来自民营企业（占 51.4%），143 位来自国有企业（占 48.6%）。国有企业 CEO 的平均年薪为 207 万元，民营企业 CEO 的平均年薪为 183 万元，国有企业比民营企业高 24 万元，最高的是中集集团总裁的年薪为 958 万元。2012 年这种情况依然存在。年薪前 10 位的 CEO 中，5 位来自国有企业，分别是中集集团总裁（998 万元）、华远地产总裁（574 万元）、长城开发总裁（486 万元）、紫金矿业总裁（515 万元）、招商银行总裁（475 万元）。其中，他们和本企业员工的薪酬差距分别达到 121.7 倍、12.8 倍和 8 倍[1]。

还有资料显示[2]，2012 年 113 家央企及其上市公司在岗职工平均工资为 11.1 万元，全国城镇非私营单位就业人员平均工资是 4.7 万元，全国城镇私营单位就业人员平均工资是 2.9 万元。央企平均工资是非私企业平均工资的 2.4 倍，是私企平均工资的 3.8 倍。如果按照国资委调查的 2011 年央企高管平均薪酬 72 万元来计算，央企高管是央企职工的 6.5 倍，是非私企业的 15.3 倍，是私企的 24.8 倍。

二、日本国有企业管理人员的薪酬管理

日本国有企业在组织形式上被称为独立法人，分布在金融、科研、教育、邮政、空运、铁道运输、烟草、盐业等行业。国家所管的此类法人约有 7000 个，包括特殊法人（日本银行等）57 个、独立行政法人（产业技术综合研究所等）100 个、公益

---

[1] 福布斯中文网.2013 福布斯中国 A 股上市公司 CEO 薪酬榜，http：//www. forbeschina.com/review/ list/002075. shtml.

[2] 网易财经.央企职工平均工资曝光 2012 年薪人均最高 42 万，2013 – 11 – 11，http：// money. 163. com/13/1111/11/9DD8D9IC00252G50. html.

法人（日本航空等）6661 个、大学法人（东京大学等）86 个。

日本国有企业管理人员的薪酬是比照国家公务员薪酬制度来设定的，但允许适当调整，一般高于公务员。公务员的平均年薪相当于大企业员工的 1.4 倍，是中小企业员工的 1.8 倍，而国有企业研究职位的年薪是公务员的 1.4 倍，行政职位、技术职位的年薪是公务员的 1.1 倍。2012 年日本银行总裁（相当于公务员的部长级别）的年薪是公务员的 5.4 倍，是大企业员工的 7.1 倍，是中小企业员工的 9.6 倍[①]。日本银行总裁的年薪（3438 万日元）略低于内阁总理大臣（3582 万日元），更低于民营银行，例如三菱东京 UFJ 银行总裁的年薪是 1 亿 1100 万日元[②]。

从日本的情况看，国有企业最高管理者与社会其他阶层的工资差距没有超过 10 倍。但即使这样，在经济不景气时期也被作为"行政改革"的对象。政府主管部门要求国有企业提交减少劳务费的计划，每年进行检查，高层管理人员的收入减少当然也在其中。根据对 11 家国有企业的调查[③]，2011 年最高管理者（理事长）平均年薪为 2150 万日元，比 2010 年的 2182 万日元减少 32 万日元，减少比率为 1.5%。次于最高管理者的理事 2011 年平均年薪为 1808 万日元，比 2010 年的 1840 万日元减少 32 万日元，减少比率为 1.8%。监事 2011 年平均年收入为 1478 万日元，比 2010 年的 1479 万日元减少 1 万日元，减少比率为

---

① 根据年薪调查网有关数据计算。年薪调查网，http：//nensyu－labo. com/2nd_ kigyou_ gyousyu. htm.

② 内阁府. 特殊法人等管理人员及职员薪酬水平（平成 23 年度），http：//www. cas. go. jp/jp/houdou/ pdf/kyuyo－honbun23. pdf.《总裁》杂志社. 日本社长、高管 300 人薪酬榜，2012－11－29，pesident. jp/ articles/－/1462？page＝2.

③ 内阁府. 特殊法人等管理人员及职员薪酬水平（平成 23 年度），http：//www. cas. go. jp/jp/houdou/ pdf/kyuyo－honbun23. pdf.

0.1%。对于降薪，国有企业管理者没有激烈反对。这可能因为减少幅度小，无关痛痒，也可能因为有些拿得过多而感到自愧。作为国家最高管理者的总理，将自己的薪酬减少了30%，规定的月薪是205万日元，而现在只拿143万日元。同时，所有内阁大臣也都效法减少了月薪。如此程度的减少，当然不会危及衣食，对国库的贡献也甚微。但这是为政者安抚民心、缓解矛盾的策略。

为了有效地管理国有企业，日本以专门立法的形式规定了管理人员的薪酬、任命、任期、汇报、检查、主管部门等事项。如《公益社团法人和公益财团法人认定法》及其实施细则规定了国有企业管理人员薪酬（年薪、奖金、退休金、职务消费等）的标准与计算方法，同时规定国有企业管理人员要考虑和社会其他阶层的薪酬差距，不得制定过高的薪酬标准；内阁府《关于特殊法人管理者报酬的决定》规定管理者的年薪参照公务员"指定职务年薪表"第11号表的金额，在适当范围内调整。

此外，日本还要求国有企业向社会公开薪酬信息。政府主管部门每年都会对所有国有企业管理人员及员工的薪酬情况进行调查，并把每个国有企业的调查结果公布在网上向社会公开。调查内容包括薪酬水平、与国家公务员的薪酬比较指数、对前年薪酬增长率、福利、退休金、人数、年龄等。在这个调查中，还要求定量说明高于国家规定水平的理由，如要列出同行业民营企业薪酬等数据。针对每个企业的说明，政府主管部门进行审查，并提出改进意见，每个企业则要提出具体的改进目标与措施，下一年这些改进目标与措施将被审查。除了政府公布国有企业薪酬调查结果，每个国有企业还被要求在网上公开本企业管理人员的薪酬制度。由于信息公开透明，国有企业管理人员随时受到社会的监督，因此要获得过高的不合理薪酬是不太容易的。

三、改进我国国有企业管理人员薪酬管理的建议

我国国有企业管理人员因其职务理应获得高于一般的薪酬。但由于国有企业在资源占有、企业目标等方面的特殊性，管理人员的薪酬水平既不能由国有企业自己来决定，也不应完全按照市场规律来设定，而应该在法律和社会监督下由社会来决定。为了改进我国国有企业管理人员的薪酬管理，可从以下几个方面考虑采取措施。

（一）立法制定国有企业管理人员的薪酬

目前国有企业管理人员的身份既不是公务员，也不是企业员工，游离于《公务员法》和《劳动法》之外，其薪酬难以用这些法律进行约束。国有企业领导人一般都是任命的，有行政级别，对他们的管理在很多情况下依据领导干部管理条例，但这并不是专门针对国有企业领导人的，套用过来，未免笼统、模糊。国有企业的工作内容，与政府机关不同，所以应该根据企业的性质、特点，分类制定法律，明确管理人员的权利义务、年限、薪酬、职务消费与福利、奖惩、退出等事项，依据法律来保证国有企业管理人员薪酬和福利待遇的合理性与透明性。

（二）增大薪酬透明度

增大国有企业管理人员的薪酬信息的透明度，将国有企业管理人员的薪酬、福利待遇、工作内容、业绩等公开，让社会对管理人员付出与所得有准确的了解，避免产生误会，增大社会理解度。目前国有企业的这些信息不公开透明。国资委从2007年起对央企职工薪酬情况进行调查，但调查结果从未公开过。国有企业中，除了上市公司必须披露的信息以外，其他企

业的薪酬情况无人知道。

而在外国，国有企业的薪酬信息被要求向社会公开。如日本要求公开国有企业管理人员的薪酬水平、与国家公务员的薪酬比较指数、对前年增长率、福利、退休金等信息。实际上，只要有监督，不合情理的高薪是难以出现的。如果没有监督，利己动机就会膨胀，会想方设法、巧立名目为自己加薪、提高职务费用等。如果国有企业管理人员有能力，经营效益很高，高薪也是可以的，关键要把这些信息放在明处，让利益相关者都看到和形成监督，这样国有企业管理人员拿高薪也堂堂正正、心安理得。

（三）调整薪酬标准

有必要对国有企业管理人员薪酬标准进行调整。一是对国有企业管理人员的基薪标准进行调整，不应只以本企业职工薪酬水平为标准，还应该把社会其他阶层的薪酬水平纳入进来，如设定不同权重，加总计算；二是要控制基薪倍数，适当下调。另外，我国财政收入稳步增加，从这个角度看似乎没有削减高层管理人员薪酬的需要。但为了宣扬自律的社会形象，可对高层管理人员的薪酬做微量下方调整。

（四）提高其他阶层的收入

政策性地提高其他阶层的收入，是减弱收入差距感的方法。但会带来通货膨胀压力，要审时适度使用。

加大改革力度，建立化解产能过剩的长效机制

时　杰

目前，产能严重过剩问题是困扰我国经济健康可持续发展的重要问题之一。2014 年 3~4 月，笔者随同十二届全国人大常委会副委员长陈昌智在山东和河北两省就产能过剩问题进行调研，发现本轮产能过剩有一些新的问题值得关注。

一、本轮产能严重过剩出现的新问题

（1）产能过剩不仅仅是工业化进程问题，产能过剩、金融风险、地方投资和社会稳定之间联动关系需要重视。例如在石家庄调研座谈中，水泥行业企业家普遍反映企业资产负债率在60%~70%，其中长短期债务各占一半。水泥行业在 2013 年利润率是 7%，这还是在开工一半条件下的利润率，目前京津冀地区水泥产量 8000 万吨左右，以我国目前人均收入来看，人均消耗水泥用量应该在 1 吨/人，京津冀地区约有 1.2 亿万人，基本发展动力仍旧是投资拉动，水泥产量不仅不是过剩，而是略有

不足，这是河北水泥行业可以保持盈利的原因。并且就企业技术和环保标准来看，已经不是落后产能，如果仅仅是因为产能过剩原因，采用炸、关、停办法解决水泥产能，势必会损害行业发展，造成企业资金链断裂，银行债务面临风险，职工失业下岗，都会成为社会不稳定诱因。

（2）产能严重过剩的行业各有特点，钢铁行业是最大难关。以国务院 41 号文件指出的钢铁、水泥、平板玻璃、电解铝、船舶这五个行业为例，水泥行业虽然由于受制于产品销售半径，而且原材料主要是当地材料，属于典型的"全链条在内"行业，而且从工艺流程上看，进行产能调整的灵活性比较大。与水泥类似，平板玻璃也是"全链条在内"行业，而且下游衍生产品较多，与内需密切相关，品种和数量需求还远远不足，全行业 2013 年销售不过 1000 亿元，尚不及宝钢一年 1500 亿元销售的 2/3，产能过剩影响不是很大。船舶行业受国际市场影响，但由于主要是民营企业，基本依靠市场调节。电解铝行业属于高耗能、高污染行业，产能严重过剩，但从山东调研来看，山东省电解铝行业产能利用率 97%，原因在于随着高铁发展，青岛北车需要大量电解铝，山东电解铝行业产业链得到了延伸。在所有产能过剩行业来看，钢铁行业调整产能问题最大，这主要由于钢铁行业是资本密集型、生产连续性、原料供应外部性、产业链条不完整性、负债比率风险性、钢贸企业金融性等多重因素造成，成为本轮治理产能过剩问题的重中之重。

（3）当前化解产能过剩三大障碍是：法律问题、市场秩序问题和信息问题。从对山东和河北两省的调研来看，对治理严重产能过剩有重要影响的三个障碍是法律问题、市场秩序问题和信息问题。

"市场经济是法治经济"，很多地方产能无论是从规模、环保还是技术标准上看，很难归入落后产能，而且资本构成以民营企业居多，产权清晰，仅仅用行政手段关、停、砸面临于法无据的情况，政府补偿又非常不足，例如邢台市反映的情况是淘汰落后产能，中央奖励标准是炼铁 25 万元/万吨、水泥 20 万元/万吨、平板玻璃 4.5 万元/万吨，而建设钢铁、水泥、浮法玻璃的投资分别为 500 万元/万吨、400 万元/万吨、85 万元/万吨，补偿尚不足建设产能的 1/10。邢台市调查，钢铁每年上缴税收 100 万元/万吨，水泥产能上缴税收 30 万元/万吨，玻璃每年上缴税金 4 万元每万箱，国家奖励淘汰落后产能资金达不到每年上缴的税金。不能因为化解产能过剩就强行拆除，侵犯公民财产权利，这样不利于贯彻"依法治国"的方针，也不利于各级政府治理能力的提高和治理体系的完善。

就市场秩序问题而言，中央到地方各级政府应该在治理产能过剩的行动中，统一行动，统一标准，政策导向前后一致，做到违法必究。如果在治理行动中只是管住了守法的，放过了非法的，势必造成不良影响。

就信息问题而言，目前对于行业信息发布，行业协会所起作用不大，没有综合权威信息提供，造成从决策部门到企业运营，只能依靠经验管理，不利于事先防范、事中控制和事后治理产能过剩问题。

（4）利用国外市场化解产能过剩的支撑体系不足。化解产能过剩的应该利用世界市场，有助于增强企业的竞争力，扩大我国经济的影响力。但调研中发现，以我国的水泥行业为例，该行业已经具有国际竞争力，但企业如果想走出去，在海外投资设厂，小规模还可以，大规模海外投资仅仅依靠企业自身力量和地方政府的力量已经远远不够，对于大规模企业走出海外的支撑体系建设不足，需要中央政府更好地从产业政策、货币政策、金融政策、外贸政策进行协调，加强顶层设计。

（5）上游资源、能源价格大起大落成为企业通过科技创新化解产能过剩的重要障碍。我国企业家经历上一轮全球化的洗礼，在座谈中发现企业家都懂得"产学研用"的道理，中小企业寻找国内技术支持，大企业如潍柴等已经在全世界寻找技术支持和创新动力。我国的产能过剩产业正经历从"量变"到"质变"的机遇。但是由于产业链不完整，尤其是资源、能源价格大幅波动大大影响了企业的技术进步、健康发展，例如在调研中就发现，电解铝行业电价波动 0.1 元，企业每吨利润就会波动 1000 元，其他行业也是如此。另外，产能过剩行业普遍问题是产品品种不全，达不到范围经济，低附加值过剩，而高附加值产品不足，例如在调研座谈中发现，河北省钢铁产能 2.7 亿吨，面对京津冀庞大的汽车产能，汽车钢板仍需要进口，河北省的玻璃行业，浮法玻璃产能可以达到世界的 20%，但是高附加值的汽车挡风玻璃仍旧无法生产。山东省轮胎产量占世界的 20%，中国的 40%，但高附加值产品很少，甚至到现在为止，都没有建立起轮胎试验场，轮胎性能测试必须拿到德国去测试，等等。

二、 化解严重产能过剩的对策建议

（一）化解产能严重过剩问题，应注意力度和节奏，以提升产业竞争力为着力点，坐实实体经济

我国经济已经是世界经济的一部分，本轮产能过剩问题重要因素就是世界经济环境造成的，目前国际产业分工和世界产业格局也在发生变化，我们应该利用有利时机，利用我国资本相对宽裕、在国际产业分工格局中相对有利的时机，引导资源向实体经济流动，提升我国的产业竞争力，坐实实体经济，完

成工业化进程，因此，需要密切关注化解产能过剩、金融风险、地方投资与汇率波动的关联性，根据形势变化，交替进行政策调控组合。

（二）化解产能严重过剩问题，应该针对不同行业特点，当前应该以钢铁行业为重点，推动钢铁行业以龙头企业整合全国产能

国务院 41 号文件指出的五个行业里，水泥、平板玻璃行业因为"全链条在内"，风险相对可控，市场仍旧有潜力，企业还有效益，当前应该从提升环保标准入手化解这两个行业产能过剩问题。电解铝、造船行业应该从环保标准和延伸产业链入手化解产能过剩问题。钢铁行业由于行业集中度低、铁矿石原料严重依赖国际市场，上游电价高企，下游需求不旺，高附加值品种满足不了需求，应该推动龙头企业与地方政府合作，进行全国产能整合。

（三）应从环境标准提升入手依法治理产能过剩，建立统一市场经济秩序，为企业生产经营决策提供有效信息

应更多地采用法律手段和经济手段来化解产能过剩问题。现阶段，应该从提升环境标准入手依法治理各行业产能过剩问题，倒逼企业从粗放式经营到精细化管理的转变。

建立统一的市场经济秩序。有法可依，有法必依，执法必严，违法必究。近期可以做的是在全国打击非法产能，例如开展重点打击浪费资源能源、危害建筑质量的地条钢生产经营活动，维护市场经济秩序。财政补贴、银行贷款应该同国家化解产能过剩、提升产业竞争力的总目标相衔接。

逐步建立全国统一的产业信息发布平台和产能分析指标体系，引导企业正确投资，在对产能监测指标中引入现金流匹配指标，有效监测行业产能的生产和资金链现状。全国统一的产业信息发布平台首先由政府有关部门建立，行业协会配合承担起信息收集、发布的责任。现在判断行业产能过剩问题指标中应该补充企业现金流量指标（经营活动、投资活动和筹资活动），现金流量动态性更强，配合原有规模、利润、环保等指标，可以综合反映行业和企业健康程度。

（四）利用海外市场化解过剩产能，中长期需要建立工业贸易一体的支撑体系

当今世界经济格局在发生重要变化，跨太平洋伙伴关系协议（TPP）等区域自由贸易区已经初现端倪，新一轮的贸易谈判中，我国具有明显产业优势和资本优势，企业走出海外的意愿更强烈，为了更好地在世界贸易体系谈判中发挥作用，为我国企业走出海外打下坚实的基础，与上一轮入世谈判相比，更需要在国家层面上进行顶层设计，建立贸易谈判与产业发展相匹配的支撑体系，应该借鉴欧洲发达国家经验，考虑建立贸易工业部，实现政策协调，为中国下一轮的工业化和自由贸易进程建立有力支撑体系。

（五）鼓励企业完善产业链，建立产业发展稳定基金，为企业转型升级创造相对稳定的外部环境

在产业组织方式上更应该注意产业链完整性建设，鼓励企业建立上下游协同一体的产业链，有效控制成本、产能和效益。鼓励企业级要规模经济，也要范围经济，更要空间布局经济，多管齐下，提升发展质量和效益。金融危机以来，世界能源、资源价格大浮动波动，这对大规模生产企业发展非常不利，这也是造成钢铁等行业产能过剩的主要原因之一，为此，建议国家控制的上游电力、石油等企业拿出一部分利润建立产业发展稳定基金，调节资源、能源价格大浮动波动，为下游企业技术进步、可持续发展创造相对稳定的外部环境。

中国城镇化并没有落后于工业化

李　钢

　　目前，发达国家工业增加值占 GDP 的比例为 25%，而城镇化率达到 80% 以上；中低收入国家的工业增加值占 GDP 的比例为 30%，而城镇化率达到 50% 以上。中国工业增加值占 GDP 的比例为 45%，而城镇化率目前刚超过 50%。一些经济发展水平比中国落后的发展中国家城镇化率也高于中国。一些学者根据以上的事实认为，中国城镇化已经落后于工业化，中国应着力推动城镇化，以进一步促进经济发展。诚然，工业化进程与城镇化进程有着相应的匹配关系；但两者之间并不是简单的线性关系。一国城镇化水平与一国城镇化的历程、发展阶段等多种因素有关。总体而言，发达国家城市化推进较为成功；而有些高城市化率的发展中国家城市形成了持续不能解决的贫民窟，可以说是不太成功的城市化推进方式，借鉴意义不大。因而我们下面主要以发达国家城市化与工业化发展历程进行说明。

一、中国目前经济发展阶段大体相当于美国 1910~1940 年的水平

对于中国目前经济发展阶段可以从不同的角度进行估计。2013 年中国人均 GDP 为 4.1 万元人民币，折算为 2005 年美元价格水平约为 5900 美元，相当于美国 1900~1905 年的经济发展水平；若按 2010 年 ICP 项目评估的人民币购买力折算为 2005 年美元价约为 9000 美元，也仅相当于美国 1940 年左右的水平。因而从人均收入的角度可以判断：目前中国经济发展水平处于美国 1910~1940 年的水平。

这一结果可能让人一时难以接受。中国目前的计算机水平、移动通信水平、高铁的水平在美国 1940 年时不可想象；新中国成立 60 多年取得如此大的成绩还没有达到美国 1940 年的发展水平。诚然，新中国成立后我们取得巨大成就，但由于底子薄，中国目前发展阶段仍旧与美国 20 世纪初的水平相当。从劳动力素质角度可以得出相同的结论。2010 年中国 25 岁及以上的劳动力中接受了大专及以上教育的人数占比为 8.8%，还远未达到美国 1940 年的水平（美国 1940 年为 10.1%）。再从高技术的水平来看，英国 1918 年制造了第一艘航空母舰，美国 1969 年已经实现载人登月。因而，我们判断中国目前经济发展阶段相当于美国 1910~1940 年的发展阶段。

二、与发达国家相同发展阶段相比：中国城镇化并没有滞后

美国 1910 年城市化率为 40%，1940 年城市化率也仅为 56.5%。而中国目前城镇化率也处于这区域内，而且接近上限。

再以法国为例，按汇率法折算中国目前相当于法国 1910 年的经济发展水平，当时法国城镇化率为 44.1%；按购买力平价

70

（PPP）法折算，中国目前相当于法国 1956 年的经济发展水平，当时法国城镇化率为 56% 。其他发达国家也有类似的情况。

从上述数据可以看出，一方面，经济发展水平与城镇化之间的确有很强的相关性，美、法等国在人均 GDP 为 6000 美元（2005 年价格水平）时城市化率为 40% 左右；而人均 GDP 为 9000 美元时（2005 年价格水平）时城市化率为 55% 左右。另一方面，中国目前的城市化率并没有滞后，目前中国人均 GDP 大体在 6000~9000 美元，而目前中国城市化率已经超过 50% 。总体而言，我国的城市化率并没有落后于经济发展阶段。

三、发达国家工业化与城市化的关系是：工业化速度要快于城镇化

城市化的过程表现为人口向城市的聚集，但我们再深入其过程会发现首先经济活动人口向城市聚集，并在城市找到谋生的手段，从而在城市扎根，进一步其赡养人口再向城市聚集。所以一国在快速城市化时期都会出现，非农产业的就业比例增长速度要远高于城市化人口的增长速度。美国在 1910 年时，城市化率为 40% ，而其非农产业就业率高达 62.44% ，非农产业就业率是城市化率的 1.56 倍；到 1940 年时，美国城市化率为 56.5% ，而其非农产业就业率高达 82.86% ，非农产业就业率是城市化率的 1.47 倍。美国这一时期非农产业就业率是城市化率的 1.5 倍左右。因而从发达国家历史过程来看真正的规律是：工业化的速度要快于城镇化的速度，即工业化率超前于城镇化率是工业化进程中的常态。

从目前中国的情况来看，2011 年中国城市化率为 52.57% ，而非农产业就业率为 65.2% ，非农产业就业率是城市化率的 1.24 倍，低于与美国相当发展阶段时比例。这表明就中国经济

发展水平而言，中国城市化率并不低；中国城市化率水平的进一步提升，要依靠创造出更多的非农就业岗位来带动。这一数据还表明，简单通过横向比较工业产值占比、城市化水平来说明中国城市化率滞后于工业化是不准确的。

四、进一步推动工业化是促进四化融合发展的根本着力点

对于城镇化有多种理解，但对于其经济实质就是越来越多的人居住于城市，越来越多的劳动力从事非农产业；但两者的因果关系是由于越来越多的劳动力从事非农产业，导致越来越多的人居住于城市；而反之则不成立。因而目前我们在理念上亟须明确：是工业化推动了城市化，而不是城市化推动了工业化；试图依靠城镇化来推进工业化所付出的代价是极高的。从实践上来看，虽然政府对于推进城市化措施较多，也较为容易，推进工业化成效较为缓慢，但我们必须明确推进工业化是促进四化融合发展的根本着力点。

（一）城市化的经济实质是就业岗位的非农化

成功的城市化过程都伴随非农就业岗位创造，使聚集到城市的人口可以依靠非农岗位提高生活质量，进而在城市扎根。而不成功的城市化，往往不能提供充足非农产业的就业，而仅仅使人口聚集在城市及周边，依靠非正规的就业维持生存，从而不能有效地持续提高生活质量。非农岗位的创造包括第二产业及第三产业，但可以想象，除了一线城市可以依靠高端服务业、个别地区可以依靠旅游业外，中国绝大多数城市若仅依靠服务业是难以持续吸纳人口、解决就业的。以美国为例，从 1900～1940 年城市化率从 40% 提升到 56% 时，制造业就业岗位不断增长，劳动力从事制造业的比例也没有下降。因而中国目

前对于绝大多数城市而言，依靠制造业创造就业岗位仍旧是最可行的方式。传统的劳动密集型产业对于吸纳农村剩余劳动力有着不可替代的作用；国家可出台与解决城市"4050"人员相类似的政策，鼓励企业吸纳农村"4050"人员在非农产业的就业。

（二）必须有第二产业劳动生产率提升才能支持农业劳动力向第三产业的转移

从表象上来看，目前发达国家第三产业就业人数最多，但我们必须看到，第三产业就业人数的不断上升以及第一产业人数的不断下降均是以第二产业快速的技术进步为基础。第一产业就业岗位的减少是以农业机械化及农业基础设施的现代化为基础，而这两者的实现都要依靠大量使用制造业的产品。第三产业就业人数的不断增长的实质并非由于第三产业是高级产业，而是由于第三产业劳动生产率的停滞（即所谓的鲍莫尔病）和第二产业劳动生产率的不断提升。因而，不断提升中国制造业效率与竞争力才是实现非农产业就业人数增长的关键。

（三）中国今后应主要通过大中型城市发展来促进城市化率的提高

北上广等特大型城市对人口吸纳总能力有限；而中小城镇人均自然资源消耗过大，目前来看大中型城市能比较好地协调经济增长与可持续发展的关系。中国下一步城市化水平的提升应主要通过发展大中型城市来吸纳农村劳动力的转移。国家应出台相应政策鼓励东中部自然资源承载力较强的地区大中型城市的发展，吸纳全国农村劳动力在非农产业的就业。

（四）面向全体公民的廉租房制度是提供更多非农就业岗位的有效途径

不仅在北上广等一线城市农民工难以购买住房成为当地的

永久居民，就是在二线、三线城市农民工的收入都难以购买与长期租赁有尊严的住房。北上广等一线城市有其特殊性，但若非农产业员工的收入难以在一般的大中型城市有体面的住所，中国经济是难以健康持续发展的。因而从这种意义上讲，中国大中型城市的高房价才是真正影响中国经济可持续发展的原因；对于大中型城市可以要求其根据工业用地面积建立一定数量的廉租房。

中国工业的碳减排潜力问题及对策建议

郭朝先

工业是大多数国家碳排放最重要的领域，也是减排潜力最大、持续时间最长的领域。研究工业领域碳减排潜力对于理解中国碳排放峰值及参加国际气候变化谈判具有重大现实意义。以下先考察发达国家工业领域碳排放变动情况。

一、发达国家工业碳排放情况

（一） 主要发达国家高耗能产业在 20 世纪 70 年代和 80 年代即达到了碳排放峰值

钢铁、建筑材料（水泥、平板玻璃等）、有色金属（铝、铜等）、化工产品（合成氨、乙烯等）等是主要的高耗能产品。经分析，主要发达国家多数高耗能产品在 20 世纪 70 年代和 80 年代达到了产量峰值。比如，钢铁工业，英国于 1970 年，美国、日本于 1973 年，德国、法国于 1974 年达到了产量峰值；水泥工业，美国、德国和法国于 1972 年，日本于 1973 年达到了产量峰值；化工产品，以合成氨为例，日本于 1974 年，英国和德国于1979年，美国于1980年，甚至韩国也于1988年达到了产量峰值。在其他条件不变的情况下，产量峰值即意味着能源消耗峰值和碳排放峰值。考虑到技术进步和能源消费结构的变化，一般还会出现这样的现象：碳排放峰值出现时间略早于能源消耗峰值，能源消耗峰值出现时间略早于产品产量峰值。

主要发达国家多数高耗能产品碳排放达峰集中在20世纪70年代和80年代，主要原因：一是这些国家工业化进程已接近尾声，开始进入后工业化时期，这是发达国家高耗能产品达峰的最基本决定因素；二是20世纪70年代和80年代发达国家开始经历一次明显的"去工业化"过程，即纷纷将高耗能工业和一般工业的制造加工环节转移到发展中国家。

此外，第一次石油危机（1973年）和第二次石油危机（1979年）的爆发为发达国家高耗能产品峰值集中到来提供了催化作用。由于石油危机的冲击，使得这些发达国家尽管高耗能产品均在20世纪70~80年代达峰，但明显分为两种类型：一类以美国和英国为代表，工业化时期更长，产品达峰后，峰值维持的时间一般较短，仅维持7~8年的时间，便迅速越过峰值阶段，进入产品产量下行阶段；另一类以日本和德国为代表，工业化时期较短（属于先行工业化国家中的后发国家阵营），产品尽管也达峰了，但在高峰时期停留的时间很长。

（二）最近20年发达国家工业领域为碳减排继续发挥巨大作用

第一，工业领域碳排放变动对该国碳排放变动具有决定性的影响作用，贡献率普遍超过50%，甚至超过100%。

第二，工业碳减排力度对发达国家实现《京都议定书》减排承诺目标具有决定性的影响。根据对《京都议定书》附件B国家（包括后来退出《京都议定书》的国家）工业领域碳排放增长情况的分析，若将欧盟诸国当作一个整体，则所有工业领域未出现绝对减排的国家都没有实现减排承诺，所有工业领域出现绝对减排的国家都实现了减排承诺。另外，所有实现《京都议定书》减排承诺的国家中工业碳减排力度均高于其国家整体承诺水平，所有未实现减排承诺的国家中工业碳减排力度都低于其国家整体承诺水平。

第三，工业领域碳排放比重与第二产业和制造业所占比重高度相关，产业结构变动效应在碳减排中发挥了积极作用。发达国家工业比重普遍下降 5 ~ 10 个百分点，因工业比重下降而产生的产业结构变动效应贡献率在 30% 左右。在主要发达国家中，德国和日本第二产业尤其是制造业比重是最高的两个，因而他们工业领域碳排放所占比重也是最高的。法国第二产业尤其是制造业比重是最低的，因而法国工业领域碳排放所占比重也是最低的。从产业结构变化角度看，加拿大和澳大利亚产业结构变化最慢，因此，结构减排效应无法发挥，最终导致这两个国家碳排放增长最为强劲，难怪加拿大最终退出了《京都议定书》。

第四，工业碳排放强度继续下降，但下降幅度有限。多年来，发达国家工业领域碳排放强度继续下降，但由于历时时间太长，最近 20 年下降幅度有限，1990 ~ 2010 年单位工业增加值碳排放量下降基本控制在 30% 以内。经计算，除美国外，主要发达国家工业领域碳排放强度下降幅度低于全社会碳排放强度下降幅度。

二、中国工业碳减排潜力测算

发达国家经历表明，工业是可以长期发挥减排效果的领域，即使发达国家已越过工业碳排放峰值。在发达国家里，工业可通过结构减排和强度减排"两个轮子"来为减排发挥重要贡献作用。长期以来，我国技术进步为碳减排发挥了巨大作用，但结构变动效应迟迟未能发挥，这种情况在未来将得到改变。这部分采用经济核算方法从结构减排（因工业比重下降产生）和强度减排（因技术进步而产生）角度来估算中国工业碳减排的潜力，并进一步探讨了工业内部结构调整和能源结构的优化对工业碳排放峰值和减排潜力的影响。

对中国工业碳排放相关的参数假设如下：①关于经济增长率。根据中国国情、发展方式转变的需要和发达国家经济增长率的变化规律等，设定 2014～2020 年的经济增长率为 7.5%，2021～2025 年为 7%，2026～2030 年为 6%，2031～2035 年为 5%。在这个基础上，2036～2040 年经济增长率每年递减 0.2%，2041～2050 年每年递减 0.1%。②关于工业比重。根据当前中国工业比重下降趋势和发达国家曾经经历过的产业结构变动规律，设定 2014～2020 年中国工业每年下降 1 个百分点，2021～2040 年工业所占比重每年下降 0.5 个百分点，2041～2050 年工业比重进一步下降，但下降速度进一步放缓，设定每年工业比重减少 0.2 个百分点，至 2050 年中国工业占比为 18%。③关于节能减排技术进步速率。到 2015 年，单位工业增加值能耗比 2010 年下降 21% 左右。考虑到节能减排的国内外压力和节能减排技术进步难度，设定 2016～2025 年每年单位工业增加值能耗下降 4%，2026～2035 年年均下降 3.5%，2036～2045 年年均下降 3%，2046～2050 年年均下降 2.5%。

基于上述参数假设，采用经济核算的方法，测算 2010～2050 年我国工业碳减排的潜力，结果显示：在 2030 年工业碳排放达峰前，2010～2030 年工业累积减排潜力为 83.8 亿吨，其中，结构减排 31.2 亿吨，强度减排 52.6 亿吨；在 2030 年达峰之后，工业将继续为碳减排发挥积极作用，2030～2050 年累积减排潜力 65.9 亿吨，其中，结构减排 24.77 亿吨，强度减排 41.15 亿吨。

因此，在不添加额外制约因素的情形下，工业碳排放峰值将出现在 2030 年，显然这是国际社会所难以容忍的，也与中国是一个负责任的大国形象不符。事实上，还存在一些有利因素促进中国工业碳排放峰值早日到来，峰值水平也有所降低，从而为中国整体碳排放峰值的早日到来创造条件。一是工业内部的结构优化有可能产生进一步的结构减排效应，其中钢铁、有色、化工、建材等高耗能工业比重下降具有更加重要的意义。如果在工业碳排放达峰时，高耗能工业占工业比重相应下降 5～10 个百分点，则意味工业碳排放将少排放 3～5 个百分点，工业碳排放峰值提前 2～3 年到来。二是绿色能源和新能源的发展为能源工业碳减排发挥重要作用。因能源结构问题，中国能源碳排放系数几乎是全世界最高的，2012 年达到 3.367 吨 CO_2/标油，是澳大利亚的 1.08 倍，是美国、英国、德国的 1.3 倍，是意大利的 1.35 倍，是加拿大的 1.8 倍，是法国的 2.16 倍。如果未来中国能因新能源和可再生能源的发展使能源结构低碳化，则因能源结构变动效应可使工业碳排放峰值再提前 2～3 年到来，并使工业碳排放峰值进一步降低。两项合计，预计工业碳排放峰值将在原有预计基础上再下降 8% 左右，峰值将是 66 亿吨左右，峰值有望提前至 2025 年前后出现。

三、结论与建议

当前，工业比重高、高能耗产业比重高、单位工业增加值排放强度高、能源碳排放系数高等因素是我国目前碳排放居高不下的重要影响因素，这是我国工业碳排放特殊难度的所在，也是我国减排的希望所在。只要我国抓住工业减排这个"牛鼻子"，从推进技术进步、调整产业结构、重视非化石能源发展，以及重视制度和管理节能等多处着手，就可为工业早日达峰、降低峰值水平做出积极贡献，并为我国碳排放早日达峰创造条件。

（一）从工业碳排放达峰推断，中国不宜承诺于 2030 年之前实现总量达峰，并坚持绝对减排应在 2035 年之后

发达国家的经历表明，正常条件下，从高耗能产品碳排放达峰到一个国家的碳排放达峰，至少需要经过 10 年或 20 多年的时间。主要发达国家多数高耗能产品在 20 世纪 70 年代和 80 年代即达峰，但是这些国家碳排放达峰则是在 90 年代之后的事情，有的国家到今天也没有达峰。前面的分析表明，中国工业领域最早将在 2025 年前后达峰，即使中国工业化呈现"压缩型"特征，可以大大缩短这个进程，中国碳排放达峰至少也需要 5 ~ 10 年的时间，并且需要在峰值阶段维持一段时间。在承诺总量达峰谈判中，中国不宜承诺于 2030 年之前达峰。如中国被迫接受于 2030 年实现总量达峰，也要坚持在 2035 年之后才能开始绝对减排。

（二）我国工业部门持续碳减排潜力巨大，这为日后我国气候谈判增加了底气，"强度减排"主张可作为我国参加气候谈判的一个重要策略选项

与发达国家相比，今后一个相当长的时间内，我国结构减排和强度减排都具有巨大空间和优势地位。在以后的气候谈判中，我国应高举"强度减排"的旗帜，提出不同时间段的具体强度减排目标，并要求其他国家参照中国的目标制定减排承诺目标，这一方面可赢得排放空间，还可以获得广大的发展中国家的支持，另一方面可向发达国家施压，要求发达国家加大减排力度，特别是在 2020 年前增强减排力度。相比坚持"人均累

积排放"等揪住历史责任不放的主张，坚持"强度减排"主张是一个面向未来的减排主张，更具有优势，可使我国占据"道德制高点"。

（三）坚持市场在资源配置中的决定性作用改革取向，完善国内相关制度设计，将工业技术减排潜力充分发挥出来

联合国政府间气候变化专门委员会（IPCC）第五次评估报告（送审稿）认为，亚洲是工业减排成本最低的区域，其中，51%的减排潜力是负成本的，另有13%的减排潜力是低成本的（低于20欧元/吨CO_2）。中国显然属于减排成本最低区域之一。要把工业减排潜力充分挖掘出来，需要有好的制度设计，其中，最关键的是要发挥市场在资源配置中的决定性作用，比如大力推进碳排放权交易和合同能源管理，有利于将大量低成本和负成本的减排方案充分挖掘出来，以较低的成本实现减排。当前各地正在进行的碳排放权交易试点属于新生事物，开始阶段肯定存在许多不完善的问题，但应坚持这一方向，通过"干中学"，不断完善制度设计和能力建设，推进我国利用市场手段实现碳减排的进程。

（四）促进地区协调发展，充分发挥产业结构调整产生的减排效应，警惕由产业转移带来的产业结构逆向调整问题

在过去很长一段时间里，我国产业结构变动并没有给碳减排产生正的贡献率，实际上，2000～2008年我国产业结构呈现高碳化趋势。这种情况在2008年以来有所改变，未来我国产业结构变动效应有望对碳减排产生正的贡献率。当前由于地区成本、环境管制等差异我国正在进行大规模的产业转移，近年来我国经济增长尤其是工业增长呈现"西快东慢"的特征，但不可否认的是，我国东中西部地区碳生产力存在巨大的差异，中西部碳生产力低于东部，因此，在现阶段要特别防止东部落后

产能转移至中西部地区，导致产业结构高碳化。采取的主要措施有：实行全国统一的环境标准，防止落后产能异地搬迁；对东部地区淘汰落后产能实行产业援助政策；改革政府官员绩效考核制度，改变"唯 GDP 论"的畸形政绩观，将节能减排、环境保护等纳入官员绩效考核目标体系之中，并加大其权重；大力实施主体功能区规划，推进生态补偿政策等。

（五）进一步加强国际合作，大力促进包括碳捕获、利用与封存（CCUS）技术在内的工业碳减排技术的应用和发展

当前，很多工业碳减排技术、新能源技术我国并不掌握，因此，要推进我国工业大力减排，非谋求国际合作不可。但是，发达国家并不愿无偿转让这些具有全球公益的技术，我国要在与发达国家气候谈判中争取实现这些技术转移，一方面，我国要加大力量收集整理技术目录清单，在气候谈判中提出明确的技术转让要求；另一方面，要争取使公约内气候变化基金如全球环境基金（GEF）、气候变化特别基金（SCCF）、适应基金（AF）等用于我国获取发达国家先进能源技术和减排技术，甚至争取公约外的气候变化基金如气候投资基金（CIF）等用于技术转让。在制定技术转让目录清单中，应该包括 CCUS 技术，因为我国以煤炭为主体的能源结构很难在 2050 年之前发生实质性的变化，如果在其他各种工业减排手段都使用但仍未实现预定减排目标的情况下，我们不得不更多使用 CCUS 技术。

美国、日本和中国台湾地区土壤污染治理中政府的作用及其启示

史　丹　吴仲斌

　　世界上许多国家和地区在发展过程中都曾遇到土壤污染问题。美国、日本和中国台湾地区土壤污染治理中政府的作用与手段主要体现在加强立法、明确污染治理责任、设立专项基金三个方面。其中，美国设立超级基金，日本设立助成基金，中国台湾地区设立土壤及地下水污染整治基金。美国、日本和中国台湾地区土壤污染治理政府责任的启示是，土壤污染治理要坚持立法先行、明确责任主体和政府如何发挥"补位"的作用、设立土壤污染治理专项基金和引导社会资本参与作为政府发挥作用的主要手段。这些国家和地区在治理土壤污染方面的经验值得我国学习与借鉴。

一、美国治理土壤污染的主要做法

（一）颁布《环境应对、赔偿和责任综合法》，规定"棕色地块"

　　受 1978 年美国纽约州的洛夫运河污染事故等环境事故的影

响，1980 年美国政府颁布《环境应对、赔偿和责任综合法》，规定了重要的"棕色地块"概念。"棕色地块"是指因为现实或潜在的有害和危险的污染，从影响到它们的扩展、振兴和重新利用的地产。作为美国土壤污染防治体系的基本法律，立法的主要意图在于要对全国范围内的"棕色地块"进行修复，并且该法对土地的污染者、所有者和利用者以溯及既往的方式规定了法律上的连带严格无限责任。依据该法，美国政府还建立了名为"超级基金"（Superfound）的信托基金，故该法常被称为"超级基金法案"。

（二）明确污染治理责任和超级基金的用途

根据超级基金法，责任主体包括泄漏和处理危险废物或危险设施的所有人或营运人、危险物品的生产者以及对危险废物的处置、处理和运输做出安排的人，包括危险废物的运输者。只有当污染责任主体不能确定，无力或不愿承担治理费用时，超级基金才可被用来支付治理费用。然后，超级基金将提起诉讼，向能找到的责任主体追索其所支付的治理费用。责任主体对治理费用承担回溯的严格责任和连带责任，并且责任溯及既往，符合一定条件的责任主体即使对危险废物的泄漏或污染行为没有过错，也必须承担治理费用。超级基金或联邦政府可向任何一个能够找到的上述责任人追索全部治理费用。超级基金的最大特点就是对于排污企业的可回溯的严格责任和连带责任。即使当初的排放或者丢弃是完全合法的，现在也可以认为排放或者丢弃的企业应负治理责任。只有在发生不可抗力、战争、第三方的作为以及以上几种原因综合的情况下，上述责任主体才可以不承担治理费用，而由超级基金来支付治理费用。根据超级基金法，美国环保局有权督促责任方予以治理。超级基金法也允许环保局先行支付清理费用，再通过诉讼等方式向责任方追索。对于"棕色地块",美国环保局选出需要长期治理的地区,列入国家优先名单,然后由环保局或委托专业机构分析该地区的污染程度,设计清理方案,以进一步采取相应的清理补救措施。

(三) 不断完善超级基金的使用办法

1. 超级基金的资金来源

绝大部分美国超级基金来自于美国国内生产石油和进口石油税、化学品原料税、环境税、罚款等,还有一部分则来自于联邦财政拨款。超级基金在 1980 年设立之初的初始基金是 16 亿美元,主要来自向石油和化工原料征收的专门税 13.8 亿美元,另外的 2.2 亿美元来自于联邦财政。联邦财政部分的拨款为每一个财政年度 4400 万美元,授权的期限为 5 年。1986 年《超级基金增补和再授权法案》中除了调高上述石油化工行业的专门税税率,还创立了一项新的对年收入在 200 万美元以上公司所征收的环境税。此外,规定从联邦一般财政中的拨款为每一个财政年度拨付给基金 2.5 亿美元,并进行了 5 年的再授权。从 1987～1991 年的 5 个财政年度,超级基金授权资金总额达到了 85 亿美元。1990 年综合财政协调法案将超级基金税收和财政拨款的期限延展到 1995 年,其税收幅度和从一般财政中拨款的数额均保持不变。自 1995 年以后,由于没有新的法律授权,超级基金中新的资金基本上来源于向潜在责任方追回的费用,原有基金的利息所得和对责任人的罚款所得。超级基金的资金来源主要有六个方面:①对石油和化工原料征收的原料税;②对年收入 200 万美元以上的公司征收的环境税;③一般财政中的拨款;④对潜在责任人追回的治理费用;⑤对不愿承担相关环境责任的公司及个人的罚款;⑥基金利息。

2. 超级基金的支付对象

超级基金主要用于支付以下费用:①联邦政府采取的应对

危险物质行动所需要的费用；②任何个人实施的，为配合国家应急计划的完成所支付的必要费用；③对申请人无法从责任方得到救济的、危险物质排放所造成的自然资源损害进行补偿的费用；④对危险物质造成的损害进行评估，开展相应项目调查研究，公众申请专门机构调查泄漏情况等需要的费用；⑤对地方州政府的治理进行补偿以及进行奖励等所需要的费用；⑥对公众参与技术性支持的资助费用；⑦对不同城市不同地区中污染最为严重的土壤进行试验性恢复或清除行动所需要的费用。

3. 超级基金的改进

进入 20 世纪 90 年代，根据当时的超级基金法，这些污染的地块必须被修复后才能使用。但大多数"棕色地块"的污染由以前使用者造成，不应由后来的开发者承担治理污染的责任和费用，没有人愿意开发"棕色地块"。"棕色地块"又多数位于市区，严重危害了人们的健康和生活环境，大量居民从这些区域及周边地区搬走，使"棕色地块"所在社区的人口和经济萎缩，进而影响了城市经济的发展，工厂搬迁后遗留的"棕色地块"治理和再开发问题逐渐引起了美国社会的关注。因此，美国环保局制定了《棕色地块法》，对超级基金法进行改进，该法案阐明了污染的责任人和非责任人的界限，并制定了适用于该法的区域的评估标准，保护了无辜的土地所有者或使用者的权利，为促进"棕色地块"开发提供了法律保障。同时，美国还发起了"棕色地块全国合作行动议程"，以税收等优惠措施，刺激私人资本对"棕色地块"治理和再开发的投资，例如规定用于"棕色地块"污染治理方面的开支在治理期间免征所得税。这项法律规定有助于吸引私人资本，对"棕色地块"生产能力的恢复起到了重要作用。

二、日本治理土壤污染的主要做法

（一）制定《土壤污染对策法》，明确污染治理的责任

为了解决日趋严重的市街地（市区）土壤环境污染问题，日本环境省于 2002 年制定了《土壤污染对策法》。该法包括八章四十二条，对调查的地域范围、超标地域的确定，以及治理措施、调查机构、支援体系、报告及检查制度、惩罚条款进行了规定，并规定了成为土壤污染调查对象的土地条件及消除污染的土地标准等，对日本土地污染问题改善发挥了很大的作用。

《土壤污染对策法》规定，土地所有者是土地污染治理基本责任人，污染治理责任首先由土地所有者承担，但有"合理理由"可以归咎于污染行为人的除外。土地所有者在履行责任后可以向污染行为人追偿。污染治理责任形式为严格责任和溯及责任，但限制了连带责任的适用范围，当污染者之间无特殊联系的情况下，禁止采用连带责任。

（二）设立助成基金，促进污染治理工作开展

《土壤污染对策法》规定，有污染责任者的，要求污染责任者承担费用。当向土地所有者下达治污命令，该土地的治理责任由土地所有者承担时，土地所有者采取对策、恢复土地价值，没有污染责任者或责任者无法判明时，费用由土地所有者负担。例如，工业用地或城市用地转为农业用地，在以前的施工地工场遗迹，判明有土壤污染。如果责任者在 10 年前就已经倒闭而不存在的情况下，由现在所拥有或耕种的所有权者负担义务、承担费用，所有者自己出钱和采取措施治理污染。这种情况于法有据，却不合理，对此，《土壤污染对策法》设立了指定支援法人，在污染责任者不存在时，对缺乏财力的土地所有者助一

臂之力，帮助土壤污染对策实施成功，是为"助成"，日本依据《土壤污染对策法》设立助成基金。《土壤污染对策法》还规定了设立指定支援法人的程序，法人资金的筹集，援助资金的使用等。助成基金的对象是负担实施排除污染措施能力比较低的土地所有者。助成的做法是，经都道府县知事确认，拿出国家的助成金部分，直接提供给土地所有者。助成基金主要来源于政府补助金，以及在一定条件下由政府以外的个人、组织捐赠的资金。国家助成金部分，当年计划好于第二年的开支，一年基本是 5 亿元的预算。

三、中国台湾地区的主要做法

（一）实施《土壤及地下水污染整治法》，明确实施细则

中国台湾地区进入 20 世纪 70 年代后经济发展迅猛，随之而来的环境污染问题也愈演愈烈，特别是有关水土流失和土壤污染的事件逐渐增多，危害极大，典型的有镉米污染、食品污染及土壤与地下水的有机物污染事件。2000 年，中国台湾颁布实施《土壤及地下水污染整治法》。围绕《土壤及地下水污染整治法》还制定了一系列的配套法规，如《土壤及地下水污染整治法实施细则》、《土壤及地下水污染的"监测基准"与"管制标准"》、《污染整治费收费办法》、《征收种类与费率》、《基金管理委员会组织章程》、《基金收支保管及运用办法》等共 18 项法案，这些法规与整治法相结合形成了中国台湾地区比较完备的土壤污染防治体系。

（二）明确污染治理责任、实施全方位的治理和控制

《土壤及地下水污染整治法》建立了比较健全的污染责任。首先，责任主体较多元。承担责任的主体不仅包括污染行为人，而且包括污染土地关系人，还包括土地的使用人、管理人或所

有人和公私场所的使用人、管理人或所有人等。污染行为人，是指有积极排放污染物、容忍非法排放以及消极清理污染物等行为，造成土壤污染之人；污染土地关系人，是指土地经公告为污染整治场址时，不属于污染行为人之土地使用人、管理人或所有人。其次，承担的责任较为严格。"土壤及地下水污染整治法"要求污染土地关系人应尽善良管理人之注意义务，防止土壤及地下水受污染。对污染有重大过失的，应与污染行为人承担"连带清偿责任"与"连带赔偿责任"。最后，责任承担方式多样。责任承担方式除了清偿责任和赔偿责任外，还有控制污染和整治污染两种方式。

（三）设立土壤及地下水污染整治基金

《土壤及地下水污染整治法》设专章架构了土壤污染整治财务制度的基本框架，设立了"土壤及地下水污染整治基金"，基金的管理机构是台湾环境保护部门。根据该法，基金的资金来源主要有土壤及地下水污染整治费收入、基金孳息收入、主管机关拨款、污染行为人或土地关系人缴纳的税款、环境污染的罚金、土地行为人缴纳的相关款项等8种。土壤及地下水污染整治费，由环境保护部门对特定公告的化学物质，依其产生量及输入量，向制造者及输入者征收。对于整治费的征收，中国台湾地区出台了"土壤及地下水污染整治基金收费办法"、"应征收土壤及地下水污染整治费之化学物质征收种类与收费费率"等7项法规命令、行政规则和相关公告，内容涵盖污染整治费的征收、保管和使用，征收的物质种类和费率，征收的程序和标准，征收过程中的减、免、缓、罚等，形成了较为完善的基金筹措制度。基金主要用于六个方面：①各级主管机关调查整治场址的污染范围及评估对环境之影响；②所在地主管机关为减轻污染危害或避免污染扩大，采取应变措施；③各级主管机关订定、审查、实施、变更及监督污染整治计划；④基金涉讼；
⑤基金人事及行政管理；⑥其他核准费用。

四、在土壤污染治理中如何发挥政府作用

（一）立法先行

发达国家和地区一般都是先立法规定土壤污染治理的基本
框架，再据此制定污染治理对策。美国先后颁布《综合污染响
应、赔偿和责任认定法案》和《小企业责任免除和棕色地块振
兴法案》。中国台湾地区颁布了《土壤及地下水污染整治法》及
《土壤及地下水污染整治法实施细则》等 18 项法案。

（二）明确污染治理主体，政府基金弥补不足

遵循"谁污染、谁付费"原则。"污染者付费"原则是现代
环境管理工作的主要政策之一，即造成环境损害的人都要承担责
任去治理污染，使污染者将环境恶化的成本内部化。目前发达国
家在棕地治理与开发过程中普遍遵循"污染者付费"原则。"污
染者付费"原则也是制定被污染土地修复政策和法律的首要原
则，当存在"不当得利"时，棕地重建又体现"受益者付费"原
则。此外，在治理主体不明确的条件下，政府发挥了"补位"作
用，及时对污染进行治理，并保留对污染者追究治理费的权力。

（三）政府设立土壤污染治理专项基金，同时引导社会资本参与

专项基金是政府发挥"补位"的重要手段，美国、日本等
是由政府委托有关部门成立专门机构，制定管理和运作规章制
度，负责污染土地的治理和恢复，组织建立土壤污染治理专项
基金。土壤污染治理投入较大，一些国家积极采取措施吸引社
会资本参与，但政府投入优先。以税收等优惠措施，刺激私人
资本对污染地块治理和再开发的投资。

推进铁路投融资体制改革的思路和措施

刘戒骄

我国铁路总体处于大规模集中建设和创新发展的新阶段。截至 2013 年底，我国铁路营业里程突破 10 万公里，其中高速铁路营业里程达到 11028 公里。根据正在开工建设情况，预计到 2015 年我国铁路营业里程将新增 1.7 万公里，营业总里程将达到 12 万公里。其中，高速铁路将新增营业里程 8887 公里，高速铁路营业总里程将达到 19915 公里。这样大规模建设，必然要求铁路营运线路、设备和场站投资额连年保持高位运行。2010 年以来，铁路每年完成的固定资产投资大体保持在 7000 亿～8000亿元，2014 年共完成固定资产投资 8088 亿元。"十三五"期间及未来一个时期铁路建设投资仍将持续保持高位运行。

作为国家重要的基础设施、国民经济大动脉和大众化交通工具，铁路对于加快新型工业化和城镇化进程，推动区域经济协调发展，促进各种运输方式的优化组合，降低综合运输成本，减轻交通运输业对石油的依赖，具有不可替代的重要作用。铁路投资规模巨大，过度依靠中央财政和银行贷款难以保证铁路

91

建设的资金需求。铁路商业性、公益性与外部性并存的特征决定铁路发展必须同时发挥好政府和市场的作用，调动中央和地方、各类直接受益者和潜在投资者投资铁路建设的积极性。只有形成政府和市场的合力，才能实现铁路产业的可持续发展。我国铁路建设虽然取得显著成就，但铁路仍然是综合交通运输体系的薄弱环节，铁路进一步建设和发展迫切需要推进投融资体制改革，创新投融资体制，解决铁路建设资金总量不足和结构单一的问题。

基于以上考虑，铁路投融资体制改革必须创新投融资理念，打破传统投融资体制，破除非国有资本和地方投资进入铁路建设的不合理限制，拓宽社会资本和地方政府投资参与铁路建设的渠道和途径，更加注重利用商业化原则进行建设资金的筹集，构建有吸引力的投资回报制度，增强铁路建设和运营主体的投融资能力，使铁路建设建立稳定、规范、多元化的建设资金来源，形成以政府投资、项目融资、债券、民间资金、信贷资金、经营性资产和收益滚动投入的投融资新格局，彻底解决铁路建设资金过度依靠中央政府投资和银行贷款比重过高的问题，提高铁路建设与投资效率。到 2020 年力争使中央财政投资占铁路建设总投资的比例比现有水平降低 30%，形成中央政府和地方政府、国有资本和非国有资本、股权融资和债券融资、资本金投入和信贷资金更加合理的多元化投融资新格局。铁路投融资体制改革综合性强，涉及铁路建设、运营和管理体制改革，当前的改革除设立铁路发展基金等方面以外，还应着重采取以下几项措施。

一、根据铁路建设项目的可经营程度和建设费用的补偿方式，建立项目分类投融资制度

铁路建设按照公益性、商业性、公益与商业兼有进行分类，根据不同类别探索不同融资模式，发挥市场资源配置的决定性作用和政府规划、引导作用。铁路建设费用的补偿方式相应地分为财政补偿、市场补偿、财政和市场补偿三种方式，政府投资主要用于社会资本无力建设等市场不能有效配置资源的领域。国家路网干线、公益性线路和具有国防、区域经济协调发展等战略作用的线路，不以投资回报率衡量其价值，继续由中央政府投资建设和经营。东部大城市间的城际高速铁路、西煤东运铁路等可以进行商业性经营、社会资本愿意进入的线路，本着"谁投资，谁受益"的原则，吸纳社会各方面资金共同参与建设，放宽准入条件，打破以往投资方面封闭、半封闭的状态，尝试通过特许权公开招标等商业化措施引入社会资本。政府逐步退出纯经营性铁路设施的建设和运营。公益性和经营性兼备的线路，如中西部地区的城际铁路，由政府和社会资本共同投资建设，构建铁路多元投资主体，交由市场主体按市场化方式组织实施，在投融资、建设、运营各个环节引入竞争机制。政府根据公益性和经营性的强弱情况确定财政投资占铁路投资的比例，通过项目融资的方式解决融资难的问题，避免让铁路企业过度负债。公益性和经营性兼备的线路也可以采取市场运作和政府适当贴息或给予政策优惠方式经营，补贴水平兼顾投资方利益和社会平均回报率，尽量做到投资方、政府、公众三方都满意。市场运作所占比重因项目可经营性不同而有所差异，随着经营性逐步增强相应减少政府投入，直至项目转化为纯经营性项目。

二、实施铁路建设与沿线土地整体规划、综合开发，实现以开发收益支持铁路发展

"火车一响，黄金万两"，这句话生动体现了铁路发展的外部经济效应。铁路外部性主要表现在铁路对沿线交通条件改善、带动区域发展、土地增值、促进就业等方面发挥积极作用。这种外部性收益使铁路项目的私人收益小于社会收益，需要政府对铁路企业产生的正外部性进行弥补或者在事前对正外部性收益进行权利界定，使外部效益内部化，从而运用市场机制推进铁路建设。铁路建设可以推动沿线经济社会发展，直接带动铁路沿线土地资源开发和利用，盘活铁路沿线土地资源不仅可以解决目前一些线路负债较高问题，同时可以成为铁路建设的资金来源。过去我国铁路发展过程中，不重视沿线土地开发与铁路发展的结合，铁路建设单位没有从沿线土地综合开发中获得足够收益。实施铁路建设与沿线土地整体规划、综合开发，使铁路正外部性收益的主要受益者对铁路建设进行合理补偿，必须明确地方政府的铁路投资责任，加大地方政府对区域铁路和城际铁路的投资力度，将地方政府这个铁路外部性最大的受益主体纳入到铁路建设中来。中央与受益的地方政府可以出台车站和沿线土地综合开发、商业开发规定，吸纳地方政府参与铁路投资建设，细化政府支持铁路车站、铁路线路和设施用地、沿线用地进行综合开发、商业开发的政策，按照市场化、集约化原则，支持铁路车站、铁路线路和设施用地、沿线用地进行综合开发、商业开发，以开发收益支持铁路发展。城际铁路、市域（郊）铁路、资源开发性铁路和支线铁路的所有权、经营权也要向地方政府和社会资本开放。铁路企业可以通过参与沿线土地开发支持其发行铁路建设债券，或作为获得银行贷款的

抵押担保。

三、鼓励铁路企业利用证券市场融资

鼓励铁路企业利用证券市场上市融资。对于经营效益好的线路进行资产重组，有条件的争取改造上市，打造多家上市公司作为股权融资平台，以"存量换增量"的滚动开发方式募集社会资金，实现铁路资产股份化，盘活既有铁路资产，提高铁路资产的流动性。上市公司以及其他铁路企业可以通过铁路资产作抵押发行种类不同的债券，包括可转换债券融资，降低融资成本。国有控股铁路企业可以股权作为资产，设立铁路发展基金。以资本溢价收入吸引投资者购买铁路发展基金，以实现迅速融资的目的。对于经营效益较好的线路，可以采取资产证券化方式融资，将缺乏流动性的资产（如铁路基础设施等）转化为在金融市场可以自由买卖的证券，出售给专业机构打理，由其在金融市场发行有价证券，为铁路企业筹集项目建设所需资金，并通过信用担保，以铁路项目资产未来收益为保证，偿还债券本息。对于铁路企业而言，可以加快铁路企业资产的流动性，获得低成本的资金。对于投资者而言，资产担保类证券可以获得比政府担保债券更高的收益。

四、中央和地方财政加强铁路援助与补贴机制建设

财政援助和补贴铁路建设是世界各国进行铁路建设的普遍做法。针对我国外部资本利用不足，社会资本参与铁路建设积极性不高这一现状，中央和受益的地方政府部门根据铁路融资的实际需要，清晰界定公益性运输和经营性运输，针对不同线路和区域铁路发展状况及特点，制定科学、合理、具有吸引力

推进铁路投融资体制改革的思路和措施

95

的铁路援助与补贴政策，使建设与运营收入能够覆盖成本并获得正常利润，铁路投资收益保持在有吸引力的水平。

五、推动建立"网运分离"的铁路运营和管理体制

网运分离，即将国家铁路网基础设施与铁路客货运输运营分离开来，是发达国家铁路改革的普遍做法。《中共中央关于全面深化改革若干重大问题的决定》指出，国有资本继续控股经营的自然垄断行业，实行以政企分开、政资分开、特许经营、政府监管为主要内容的改革，根据不同行业特点实行网运分开、放开竞争性业务，推进公共资源配置市场化。可见，我国铁路改革也可以考虑实施网运分离或网运分别核算为内容的改革。网运分离或分别核算后，中央财政投资的领域将进一步收敛和明晰。重要铁路线和干线铁路由于投资规模大、回收期长，社会效益远大于经济效益，非国有制企业往往无力承担，或者因为经济效益和时间效益的错位不愿意在上述领域投资，或者由于监管体制不完善难以抑制私有企业的垄断弊病，应继续发挥中央财政投资的作用，由中央政府授权企业建设和运营。支线铁路可以采取商业化方式筹集建设资金，由地方政府授权企业建设和运营。客货运输服务从国有经营向特许经营转变，由各种性质的资本经营，财政投资逐步从可以商业化运营的客货运输服务领域推出。由于无须负担基础设施投资，铁路运输服务准入门槛大幅度降低，从而为民营资本进入铁路运输服务业提供了便利。

关于贵州省探索编制自然资源资产负债表的调研报告

工业经济研究所调研组①

　　中共十八届三中全会《中共中央关于全面深化改革若干重大问题决定》（以下简称《决定》）要求"探索编制自然资源资产负债表，对领导干部实行自然资源资产离任审计。建立生态环境损害责任终身追究制"。《决定》出台后，贵州省委、省政府领导对自然资源资产负债表编制工作给予高度重视。2014 年初，根据省主要领导的指示精神，贵州省统计局联合省直相关部门，开始推进自然资源资产负债表的编制工作，目前已取得初步成效。2014 年 6 月 4 ~ 10 日，课题组在贵州省开展了为期 4 天的专题调研，重点是了解自然资源资产负债表编制进展、编制过程中存在的问题与障碍。据了解，除了贵州省外，还有一些省（市、区）如重庆、广东、贵州、江西、青海、内蒙古等

---

① 调研组组长：史丹研究员，调题组成员：张金昌、李春瑜、胡文龙、白玫、王蕾、张艳芳；报告执笔人：史丹、王蕾、胡文龙；张金昌、李春瑜、白玫、张艳芳参与调研和讨论。

也把编制自然资源资产负债表列入 2014 年政府工作任务。分析总结贵州的实际做法，对推动其他省市乃至全国自然资源负债表的编制具有重要的现实意义。

一、编制自然资源资产负债表需要解决的若干问题

（一）编表涉及的范围

从理论上说，各类自然资源均应该计入资产负债表中。但在实际操作中，将所有自然资源都考虑进来，还存在一定难度。主要体现在：①由于不少种类的自然资源资产产权制度和用途管制制度还没有建立，无法清晰界定自然资源资产所有权、占有权、使用权和处置权等的归属。例如，流域中的水资源、森林资源、海洋资源、气候气象等。产权不清晰，也就无法对这些资源进行合理定价，因而也无法进入资产负债表体系中。②基础统计数据的缺乏。例如，贵州省是矿产资源大省，但是有关矿产资源数据仍然不完善，无法支持负债表的编制。因此，哪些资源可以作为资产计量，目前还没有形成统一意见。目前，我国需要从国家层面上、原则上规定自然资源资产负债表所涉及的资源范围。由于资源具有地域性，各地自然资源资产负债表应体现各地资源特点，并不一定要求在内容上完全一致。

此外，自然资源资产的形成，涉及开发、配置、运用、储存、保护、循环使用、变化监测等多个环节，要核算自然资产可能会涉及政府多个部门，需要多个部门的配合才能完成。贵州自然资产负债表的编制，涉及了土地管理部门、环境保护监测部门、生态区域规划部门、勘察设计部门、权证及交易许可发放部门、资源使用部门、经济核算部门、统计部门和审计部门等。由于我国自然资源分属不同的部门，资源种类越多，涉

及的部门也越多。

（二）编制自然资源负债表所采用的计量方法

资产和负债的计量存在两个难点：第一，自然资源实物量统计问题。自然资源涉及土地资源、森林资源、矿产资源、淡水资源等多种。这些自然资源的形态、分布不尽相同，有些潜藏在地下（如矿产资源），有些具有很强的流动性（如水资源、空气质量），对这些资源进行数字化难度较大，是一项重大的统计改革创新，也是相关部门业务工作的改革创新，需要进行大量的研究探索。调研中，贵州省国土厅提出，矿产资源统计中存在远景储量、探明储量、可开采储量多种统计口径，有些储量是动态变化的，在不同时期统计数字很不一致，这给最终考核带来困难。贵州省水利厅反映，由于水资源由降水补给，具有年际分布不均匀、流动变化的特性。因此，水资源资产和负债无法按照现有的行政区划进行统计核算。

第二，实物量如何转化为价值量问题。难点是：①价值量的含义，是经济价值、生态价值、社会价值，还是兼而有之。贵州省统计局、林业厅、国土厅提出，自然资源不仅应该核算经济价值，有些自然资源不具有经济价值，具有生态价值或社会价值。例如草原、湿地，不可能进行市场交易，无经济价值，但是生态价值非常重要，经济发展一旦破坏了生态价值，无疑应该计入政府的负债。②价值量的核算。一些项目如土地、矿产、森林等可以用实物量、价值量来计量。但是，还有一些项目价值量核算方法缺乏。如海洋资源等过去没有进行过比较全面的价值量和实物量的统计计量。生态环境资源的计量方面，有一些项目如清洁空气等过去从来没有统计计量过，现在使用碳排放权可以进行一定程度的价值计量，而空气污染比如雾霾，可以进行持续时间、污染严重程度等实物量的计量。但将其换算为价值计量还需要方法上的创新，需要克服许多难题。例如雾霾导致人的生活质量下降、健康状况恶化，这种损失价值如何计量，只计量现在造成的损失价值还是未来持续的损失价值，价值计量确实存在难题。

（三）如何确定自然资源的负债及报表框架

在调研过程中，我们发现各个部门对自然资源资产的认识比较一致，但对自然资源负债理解存在较大分歧，这导致一定程度上难以统一编制思路和报表框架。

对具体的业务部门而言，自然资源负债是指自然资源遭受破坏或者污染导致自然资源资产减少，自然资源负债就是自然资源资产的减少，这是比较普遍的看法，但在统计学和会计学上，这种认识科学性不足，甚至可以说是错误的认识。

目前，我国的国民经济核算体系、联合国推荐的 SNA 2008 国民账户体系以及各国的综合环境与经济核算理论与实践中都没有环境负债的概念，当然更没有环境负债的确认、计量和报告标准。因此对于专门的自然资源资产负债表而言，将会面临"有资产而无负债"的困境。

对自然资源负债的认识差异和分歧，导致了不同业务主管部门对自然资源资产负债表编制的理解和认识具有较大差异。正是由于理解的多样性、丰富性，导致目前贵州省探索编制自然资源资产负债表的现状是各部门分头编制，希望通过各部门先行先试独立进行探索之后，再考虑如何编制总表。

（四）编制自然资产负债表的理论研究不充分

目前，国内外还没有形成比较统一、标准、成熟的统计核算体系，编制自然资源资产负债表的定义、标准、制度、方法等理论问题均亟待创新研究。是以会计视角编制自然资源资产负债表，还是采取国民经济核算体系或统计报表形式编制自然资源资产负债表，目前还没有达成统一共识。主要原因是相关概念和技术细节还没有认识清楚。例如，如何界定纳入编表的自然资源资产，如何界定负债，自然资源资产在表中如何进行列报和披露，建立起来的编制体系是否科学可行。这些问题不统一，报表编制形式难以确定。

如果以会计视角编制自然资源资产负债表，就应该遵循"资产－负债＝净资产（即所有者权益）"这一会计恒等式。如果自然资源资产负债表和会计视角的资产负债表一样，满足会计恒等式的要求，那么自然资源资产负债表就应该符合"自然资源资产－自然资源负债＝自然资源净资产"这一恒等式。从会计角度来理解，编制自然资源资产负债表问题，就变成了对自然资源进行产权界定和相关资产、负债、净资产、收入、费用、利润等自然资源会计要素的价值量核算问题。这种编制思路和形式理论框架相对完整，但实践操作难度较高，需要引入环境负债概念，同时会面临大量的核算和计量难题。

如果以国民经济核算体系或统计报表为基础编制自然资源资产负债表，例如以联合国环境与经济综合核算体系（SEEA）的基本结构为蓝本来编制，则难度相对较小。但是 SEEA 体系中，仅包括金融负债，并没有环境负债概念。要想总括反映人类经济活动对环境资源的影响，只核算资产不核算负债，只关注权利不关注义务，是不全面不完整的。从这个角度编制，则必须在核算体系中增加负债项目。这同时带来一些疑问，缺乏负债项目的直接计量、记录，可能无法保持资产负债表的平衡关系。在贵州调研过程中，贵州省统计局也提出同样的疑问，目前尚没有找到好的解决办法。

二、调研体会与建议

（一）成立自然资源资产负债表编制工作的组织机构和专家研究队伍

自然资源资产负债表编制工作涉及面广，跨部门协作多、难度大。从调研的情况来看，贵州省由省统计局负责联合省直各部门、省政府领导人直接抓是一种可行的办法。但是，同时应该成为专家小组，在组织各部门编制本部门的自然资源资产负债表的同时，专家小组要及时研究编制过程中需要解决的问题，尤其是理论问题和自然资产负债表的实际运用问题。在调研中我们发现，一些地方审计部门已开始了相关问题的审计。如果没有准确的核算基础和理论依据，势必会影响审计工作的效果和质量，从而使得自然资产负债表的编制失去了意义和严肃性。

（二）可率先选择可单独核算、基础数据较好的资源进行专项核算

根据《决定》精神，自然资源资产负债表需要体现全面性，即与人类生产生活行为发生联系的自然资源均应该纳入核算。但是考虑自然资源资产负债表编制的理论与方法还处在探索阶段，加之自然资源品种繁多、核算难度大、基础数据缺乏等多种因素，自然资产负债表的编制可以按照由易到难的原则逐步推进。贵州目前主要是从基础数据较好的森林资源、土地资源、水资源作为突破口进行试编，为今后全面综合核算探索经验。

（三）应循序国民资产核算表的基本框架和已有的资源环境统计体系

自然资源资产负债表是在一个国家（或地区）的角度对自然资源的资产和负债进行全面综合核算。因此应该以国民经济

核算体系的基本框架为蓝本。报表的基本框架、资产负债项目的设置、估计方法等方面必须遵循国民资产负债表的编制原理。

我国的自然资源与环境统计及其信息披露工作，已经有了一定的基础。这项工作目前主要是建立在政府部门职能分工的基础上的，统计和信息披露范围包括矿产资源、土地资源、水资源、森林资源、海洋资源、草地资源、野生动物资源、再生资源和环境统计九大类别。2004 年国家环保总局也已经提出了《绿色国民经济核算体系框架研究》，同年国家统计局颁布的《中国国民经济核算体系》（2002 年中文本）中也新增加了附属账户——自然资源实物量核算表，并试编了 2000 年全国土地、森林、矿产、水资源实物量表，在黑龙江省、重庆市、海南省分别进行了森林、水、工业污染、环境保护支出等项目的核算试点。从本质上讲，自然资源资产负债表是自然资源核算体系的重要组成之一，属于自然资源核算基础上信息的披露与报告部分。因此，自然资源资产负债表的编制方法、内容、角度应该建立在已有的统计和核算体系之上，与已有体系在标准与格式上应尽可能对接，在核算信息基础上形成报表体系，实现原有统计和核算体系延展和深入。使自然资源资产负债表编制建立在科学性和坚实的理论基础上。

（四）自然资源资产负债表的编制应从可应用的角度出发

《决议》指出，建立生态环境损害责任终身追究制度，即领导干部在任职期间、在开发利用自然资源过程中，造成生态环境损害的，要追究其终身责任。因此，我们认为：一是自然资源资产负债表编制如同干部的离任财务审计一样，是可以根据审计的需要，确定某一时间段的资产与负债。二是生态环境的变化是一个过程，一些污染产生的结果或者生态环境保护投入的效果要经过一段时间才能体现，并且往往是多种因素共同作用的结果。因此，自然资源资产负债表审计又不能完全等同于离任时财务审计，实现即时的一人一审，而是应按班子任期进行审计，任期内班子成员根据分工均承担一定的责任和义务。三是在确定报表内容时还要考虑一个可计量原则，原则上现有自然资源统计与核算体系中不能提供数据的，就可暂不进入自然资源资产负债表。如果个别内容非常关键而现有统计核算体系无法满足的，可待统计核算体系成熟后逐步纳入。四是采用直接因果关系原则。目前我国有些资源开发利用对环境的损害是可以明确损害主体的，而有些环境损害的主体则很难确定，例如，流域的水污染，对于这类资源是不易用自然资源资产负债表来考核的。

（五）内容设计应当紧紧围绕"编制目的"和"可计量性"

报表内容的设计应该紧贴报表的使用目的。按照《决定》，编制自然资源资产负债表直接服务于领导干部的离任审计和绩效考核。不管是在公共管理领域还是企业管理领域，进行考核与计量的基本原则是："要什么考核什么"、"要什么就计量什么"。因此，自然资源资产负债表的内容确定应该遵循这样的基本思路：自然资源保护和利用管理工作的当前重点是什么，包括重点资源、重点环节、重点要求等，围绕这些重点工作应该有哪些有效的考核衡量指标，围绕这些衡量指标如何在自然资源资产负债表上列报和编排相关的信息。在确定报表内容时还要考虑一个可计量原则，原则上现有自然资源统计与核算体系中不能提供数据的，就可暂不进入自然资源资产负债表。如果个别内容非常关键而现有统计核算体系无法满足的，可待统计核算体系成熟后逐步纳入。

（六）应该形成自然资源资产负债报表体系而不是单张报表

首先，自然资源的开发利用是与经济发展密切相关的，因此，自然资源资产负债表的运用必须将资产和负债的增减与当地经济社会发展的现状相结合。如同不能用单一的经济增速指标反映当地经济社会综合发展一样，仅用自然资产负债表也难以全面反映当地自然资产的实际利用情况。

其次，在自然资源资产负债表中要同时列报数量、质量、价值量数据，同时列报存量和流量数据，作为一张报表内容将会非常庞杂，报表格式上也将难以把控。从这个角度讲，只用自然资源资产负债表一张报表来完成绩效考核和离任审计的目的，恐怕难以实现。需要围绕"自然资源状况预警监测与管理、自然资源状况审计与考核"编制多张报表，形成一个报表体系。报表体系的另一个优势，就是可以实现报表数据之间的相互验证，更具有实践应用价值。当然，编报的报表数量也不宜过多，报表之间要形成一定程度的主表和附表关系，从概况和详细情况两个角度来分别揭示自然资源资产和负债的变化情况。

105

关于非插电式混合动力汽车发展的几点认识

黄速建　肖红军

当前，我国节能与新能源汽车产业发展出现了严重的不平衡现象，我们通过选择性的政策支持全力推动纯电动汽车的跨越发展，力求"催熟"这一产业并实现"弯道超车"，但收效并不明显；而对节能减排有重大和现实贡献的非插电式混合动力汽车却未能获得国家产业政策的有力支持，不仅导致该产业的发展停滞不前，而且严重削弱了节能与新能源汽车产业对全社会节能减排的贡献。非插电式混合动力作为汽车产业节能减排最现实、最成熟的途径，应该加快推广和普及应用。

一、大力推广非插电式混合动力汽车具有重大的现实意义和良好的发展基础

大力推广非插电式混合动力汽车不仅对推动我国汽车工业转型升级和实现可持续发展具有重要的战略意义，而且对于破解我国日益严重的能源资源短缺和环境恶化问题能够发挥极其重要的作用。

（一）日益严重的能源资源环境问题要求大力推广和普及节能汽车

我国的石油消耗总量逐年增长，石油对外依存度不断增加（2013年已经达到58.1%），能源"瓶颈"问题和能源安全形势日益严峻。而从目前的石油消耗情况来看，国内石油需求增量绝大部分用于满足汽车数量增长的能源需求，汽车行业已成为石油消耗的最大部门。同时，雾霾问题已经成为我国民生改善中的最突出问题之一。根据国家环保部公布的数据，汽车是污染物总量的主要贡献者之一，是雾霾的重要来源之一，其排放的氮氧化物（NOx）和颗粒物（PM）超过90%，碳氢化合物（HC）和一氧化碳（CO）超过70%。因此，无论是从能源需求还是从降低汽车污染排放的角度，都需要加快发展节能与新能源汽车，实行节能与减排并重，多管齐下，降低汽车工业的综合油耗和排放水平。而在当前我国汽车工业仍然以传统汽车为主、新能源汽车发展缓慢的情况下，要快速地推动节能减排，首先要考虑的是提升传统汽车的燃油效率，大力推广和普及节能汽车。

（二）非插电式混合动力在众多汽车节能技术路线中节能减排效果最好

汽车的节能减排效果衡量应从全生命周期视角予以考虑。从纯电动汽车来看，由于我国的发电结构以煤电为主，因此纯电动汽车虽然节约了石油能源，但却大量消耗煤炭、电能等其他能源，在整车寿命内，其排放量超过同类型汽油车25%～30%以上，即纯电动车节油但并不节能减排。在能源效率方面，从煤井到汽车的效率（纯电动）只略高于从油井到汽车（传统燃油车），低于混合动力等高效节能汽车。同时，纯电动汽车的资源利用率低，不但需要发电、输变电、充电配套设施等大量

107

资源，而且因使用有局限，使用频率不高，造成社会资源的较大浪费。反观非插电式混合动力汽车，混合动力汽车是在传统汽车的基础上增加一套电池、电机和电控系统，始终让发动机保持在最佳工况下运行，并回收能量储存在电池中，在怠速、加速时电池驱动电机提供动力，提高燃料效率，节油率最高可达到55%~60%，降低排放70%~80%以上，且无须增加配套设施。

（三）非插电式混合动力在众多汽车节能技术路线中技术最成熟且适合快速推广

首先，非插电式混合动力汽车技术成熟，安全系数高，全球已有超过700万辆非插电式混合动力汽车，目前没有发生电动系统引起爆炸起火事故。相反，纯电动本身的技术成熟度发展有个过程，且难以超前于市场化、产业化规律，纯电动汽车的安全性能"瓶颈"仍有待突破。从事纯电动汽车的特斯拉，虽然只有几万台的销售量，却在短短5个月内4次起火，几千分之一的燃烧起火爆炸概率充分暴露了纯电动汽车的安全隐忧。其次，非插电式混合动力汽车不改变用户习惯，不受续航里程限制，消费者容易接受。混合动力汽车仍然以传统动力为主，所以驾驶习惯基本不变。混合动力汽车加满油，最大续航里程可达到1000公里，而目前大部分的纯电动车续航里程很难达到200公里以上，并导致消费者的里程焦虑（Range Anxiety）。再次，非插电式混合动力汽车无须充电，可以利用传统汽车的配套设施，不用大规模建设充电网络，附属设施投入较少。最后，非插电式混合动力汽车结合了新技术和传统汽车技术，不但可以避免传统汽车工业已形成的庞大生产规模和社会基础设施的巨大浪费，而且可以利用先进内燃机技术进一步提高节油率，因此不会对传统汽车行业造成明显冲击。

（四）我国已经具备大力推广非插电式混合动力汽车的产业化基础

首先，我国企业在混合动力汽车增加的电池、电机、电控系统方面已经有了一定的积累，市场上也都有了合格成熟的产品。长安汽车自主开发的混合动力技术已接近本田、福特水平，吉利汽车收购并整合的混合动力技术也已接近丰田水平。其次，我国大力发展混合动力汽车不存在资源限制。混合动力汽车电动系统的上游资源主要是稀土和镍。我国是稀土大国，稀土储量占到全球的30%左右，提供全球80%～90%的稀土生产量和贸易量；我国镍产量逐年增加，2011年起已基本实现自给自足，同时，镍的70%以上消费来自不锈钢行业，在当前我国基础建设放缓的大环境下，镍的产量增加能够更好地满足混合动力汽车发展的需要。最后，混合动力汽车回收技术成熟，不会造成环境问题。发动机、底座等部件安装传统汽车回收方式，电动系统部分回收技术也已经成熟，国内的一些再生资源企业能够做到，不会造成环境问题。

二、当前大力推广非插电式混合动力汽车面临着诸多认识上和政策上的障碍

近些年来，我国在推动节能与新能源汽车发展方面一直存在着各种争议，出台的节能与新能源汽车产业政策也备受质疑，这些认识上和政策上的问题已经成为制约我国大力推广非插电式混合动力汽车的重要障碍。

（一）认为中国纯电动汽车发展能够实现"弯道超车"，导致高效节能汽车的发展机会被忽略

国内的纯电动弯道超车战略，起源于一个不一定准确的判断：在传统汽车领域，我们落后于发达国家，在纯电动汽车领

域，我国与世界处于同一起跑线，如果补贴到位，完全可实现"弯道超车"。但这个假设前提并不成立，电动汽车技术不成熟，未来很长一段时间内都是一个世界难题。我国的电动汽车技术也与发达国家有差距，大规模发展纯电动汽车的条件严重不足，充放电设施不完善，大多数家庭没有独立停车位。我国大量汽车消费者是首次购车，更希望购买传统型汽车。而且，这么多年补贴下来，我国的纯电动汽车发展情况远远落后于欧美等发达国家，纯电动汽车市场基本以行政推广为主，私人购车市场非常冷淡。弯道超车战略，不仅没有使得我国的电动汽车技术和推广规模赶超欧美，反而导致我国汽车行业忽略放弃了高效节能汽车的发展机会，大量汽车企业因弯道政策将混合动力等高效节能汽车计划束之高阁。

（二）认为混合动力是过渡技术，导致节能与新能源汽车产业政策出现严重偏颇

"混合动力是过渡技术"是许多学者、产业界和政府官员持有的普遍观点，但事实并非如此。混合动力也是一种先进技术，只要加注型燃料（包括石化燃料、生物燃料、氢燃料等）存在，混合动力就有广阔的市场空间。如果我们现在不重视混合动力，如果未来加注型燃料有重大技术突破，我国汽车工业的战略安全将受到威胁。而且，发展混合动力与推广纯电动汽车并不冲突，混合动力和纯电动的一些技术基础是相同的。从全球节能与新能源汽车的推广情况看，消费者更愿意接受混合动力汽车，补贴效果更明显，混合动力的规模推广能够积累电动技术经验，推动相关电动部件成本降低，反过来对发展纯电动车有利。即使混合动力是一种过渡技术，但这种过渡时间有多长并无定论。1966 年通用汽车公司就生产出全球第一款燃料电池汽车，到现在也不能说纯电动汽车在技术和应用上已经成熟。哪怕纯电动汽车在技术和应用上完全成熟只需要 10 年，即非插电式混合动力技术"过渡期"只有 10 年，那么这 10 年也不能因为等待纯电动汽车的成熟而忽略非插电式混合动力汽车对节能减排的巨大贡献。更何况纯电动汽车与非插电式混合动力汽车可以是两种并行的技术，并不一定是非此即彼或互相替代的技术。

"混合动力是过渡技术"的认知导致我国对混合动力汽车采取歧视性的产业政策，将纯电动汽车和插电式混合动力汽车归为新能源汽车，每辆补贴 3.5 万~6 万元，而非插电式混合动力汽车则归为节能汽车，每辆只是象征性地补贴 3000 元。在补贴相差悬殊的情况下，部分车企放弃推广成熟的混合动力汽车，开发紧靠补贴标准要求的纯电动汽车，严重影响了混合动力汽车的发展。

（三）认为补贴非插电式混合动力汽车就是补贴日系企业，导致我国领先的混合动力整车和零部件企业利益受损

国内对于混合动力汽车存在恐日情绪，认为丰田的混合动力专利技术壁垒不可攻破，进而将补贴混合动力等同于补贴日系车企，这一观点显然已经不合时宜。一方面，经过近些年来的技术积累和进步，长安汽车自主开发的混合动力技术和吉利汽车收购并整合的混合动力技术均已接近丰田水平，能够有效绕开丰田的专利壁垒。我国的混合动力汽车产品基本成熟，只是在价格上暂时没有市场竞争力，因此亟须通过加大补贴力度予以支持。另一方面，科力远、春兰、大洋电机等混合动力汽车零部件企业已达到世界先进水平，而丰田和本田的混合动力汽车已在中国开始国产化，其混合动力的零部件 90% 以上从国内采购，如果补贴，相当于补贴抹平了新增的成本，即补贴大部分给了内资混合动力零部件企业。

三、大力推广非插电式混合动力汽车需要调整节能与新能源汽车产业政策

鉴于非插电式混合动力汽车在众多节能技术路线中技术最成熟、节能减排效果最好且适合快速推广，因此国家的节能与新能源汽车产业政策应按照节能与减排并重的要求，整体推进节能汽车和新能源汽车，而不是忽略产业发展规律而简单地以电代油，现阶段应优先发展成熟、高效的节能汽车，降低汽车综合油耗，纯电动汽车等以区域示范为主，加大对非插电式混合动力汽车发展的支持力度。

（一）扩大补贴范围，加大补贴力度

混合动力汽车与传统汽油车大概有 3 万~8 万元的差价，消费者大规模购买有一个过程，需要一定的政策引导和补贴。因此，建议将现有的鼓励节能的政策进行扩展，扩大对节能汽车的补贴范围，比如从 1.6L 扩展到 2.5L。同时，建议不按技术路线而按节油率实施补贴，提高混合动力汽车的补贴标准，补贴按照推广量逐步退出。比如，按照混合动力汽车的节油率，前 10 万辆每 10% 补贴 5000 元，10 万~15 万辆补贴减半，15 万辆以上补贴政策退出。

（二）实施节能汽车产业技术创新工程，加快研发和产业化步伐

建议参考新能源汽车产业技术创新工程，推出节能汽车创新工程专项，并由整车企业牵头，联合电池、电机、电控等零部件企业和有关研发单位，组成技术联合体，补贴技术联合体，使其快速降低零部件成本，以实现快速推广。

（三）延续混合动力公交客车补贴政策，适度调整补贴机制

2012 年 8 月，四部委（财政部、科技部、工信部、国家发

展改革委）发布《关于扩大混合动力城市公交客车示范推广范围有关工作的通知》，将混合动力公交客车（包括插电式混合动力客车）推广范围，由 25 个示范推广城市扩大到全国所有城市。在政策公布后，市场反应良好，不到半年多的时间内，混合动力公交客车推广了 5000 多辆。2013 年 5 月，四部委宣布终止混合动力公交客车补贴，导致 2013 年下半年混合动力公交客车几乎没有推广。目前混合动力公交客车成本偏高，规模小，还没有市场竞争力，在纯电动公交客车不成熟、配套设施不完善的情况下，公交公司仍然倾向于传统燃油公交客车，如果此时补贴终止，前期的补贴努力将前功尽弃。因此，建议混合动力公交客车补贴政策延续，补贴力度适当减小，同时设计一个合理的补贴退出机制，以使得这一政策具有可持续性。

当前电力体制存在的问题及深化改革的建议

史　丹

一、现行电力体制存在的问题

电力工业是国民经济的重要基础产业，我国电力管理体制已进行了三轮改革。从 20 世纪 80 年代起启动第一轮的电力改革，主要是解决电力短缺的"瓶颈"制约，改革措施重点在电力建设方面，例如，开征能源交通基金，实行多家办电，允许外商投资电力项目等。通过改革打破了独家办电的垄断局面，形成了多元化的发电投资主体，对电力发展起到了重要的推动作用。第二轮改革始于 1997 年 1 月，改革的主要目标是对国家电力公司完成公司化改制，实现政企分开，继续打破垄断，引入竞争，建立规范有序的电力市场资源配置体系。第三轮改革是以 2002 年国务院发 5 号文为标志，改革的目标是培育区域电力市场，实行厂网分开、竞争上网，后来又开始实行大用户直购电试点。可见，打破垄断、引入竞争机制是我国电力体制的改革的主线，总体看来，后一阶段的改革是前一阶段改革的深入和发展。但从改革的效果来看，前两轮的改革尽管存在一些问题，但取得了直接效果。第三轮的改革目标至今没有完全实现或者说效果不明显，例如，竞价上网改革方案，大用户直购电方案等至今没有完全实现或者试点效果不理想。此外，对于第三轮的改革方案在理论研究上实际部门意见产生较大的分歧，电力改革体制已难以做到"帕累托改进"。

当前，中国的电力体制存在的问题既有以往改革不彻底所遗留的旧问题，又有改革过程中所形成的新问题。前者主要是政府与市场的关系没有彻底理顺，后者则主要表现为企业市场垄断对电力成本和电源结构优化产生负面影响。具体表现为以下几个方面。

（一）电力生产仍沿用计划电量的制度模式

尽管我国电力体制改革已经进行了三轮，但政府对电力行业的干预与管控一直存在，主要表现为地方政府对本地发电企业的电量分配，即所谓的计划电量制度。这一制度从本质上讲仍是计划经济的管理制度，发电企业效益的好坏直接取决于政府分配电量的多少，地方政府为了"平衡"各个企业的利益，往往不管生产效率和发电企业的成本的高低，平均分配生产计划，影响市场竞争机制的作用。

国家能源局发布《电力企业大气污染防治驻点某某监管报告》，报告中指出，"基于计划电量形成的电力生产运营模式，在安排机组发电（出力）和机组启停顺序时，未能有效依照机组的能耗水平和大气污染物排放绩效进行调度，从而影响了发电企业主动减排的积极性。同时，在这种生产运营模式下，某某省内60万千瓦级燃煤机组与30万千瓦级机组发电利用小时数档次未能明显拉开，从而未能发挥60万千瓦级燃煤机组在低煤耗和低排放方面的明显优势。降低了节能减排效率，不利于全省平均供电煤耗的下降"。以 100 万千瓦的机组为例，每千瓦时发电平均煤耗只要 280 克，而 5 万千瓦机组的耗煤在 400 克以上。计划电量实际上间接鼓励了高耗能的煤电机组的发展，这与国家节能减排、优化能源结构的方向背道而驰。计划电量制度在具体执行中，又按"计划内"与"计划外"采用了不同的电价，"计划内"电量由电网公司按国家规定支付上网电价；超计划发电量部分，电网公司要求发电企业降价上网，而销售电价实际上没有变化，电网企业利用垄断地位侵占发电企业的利益。后果是电煤价格上涨时，电厂多发电不仅不会多收益，还会增加亏损。这也导致了在"电荒"时期，很多电力企业不是开足马力生产，而是在完成计划电量后，"停机检修"不再发电。

（二）电力没有被作为正常的商品

虽然电力是对国民经济最重要的基础性产品之一，但是电力是一般商品，电力价格完全可以由市场供需关系决定。然而，电力的商品属性没有得到释放，电力价格一直由政府控制，僵化的电力价格，扭曲了价格信息，使电力企业的成本和收益失真，对我国能源结构和产业结构调整产生负面影响。例如，我国 2005 年在东北地区进行"厂网分开，竞价上网"改革试点时，电煤价格完全市场化，煤炭价格随着市场需求不断上涨，增加了火力发电成本，但由于电力销售电价由政府控制，因煤炭价格上涨而增加的成本传递不出去，致使东北电网公司 16 天亏损 32 亿元。后来竞价上网改革没有完全推开，电价改革进展也十分缓慢。

（三）《中华人民共和国电力法》修订滞后，监管效力有限

法律是体制的基础，体制改革首先要进行法律变革。国际

经验表明，"先立法、后改革"的路径是改革成功的重要保障。我国现行《中华人民共和国电力法》与电力市场化改革的取向不协调问题长期没有得到解决，在一定程度上阻碍了电力体制改革的深入，同时改革也缺乏必要的法律保障。现行《中华人民共和国电力法》的许多规定，特别是对电网非垄断或竞争环节的经营业务的规定，使垄断企业地位受到合法保护。我国在20世纪电力体制改革时成立了电监会，今年又把电监会与国家能源局合并，虽然监管的职能仍然存在，但是如何实现有效的监管仍是一个问题。例如，我国大量弃风问题、垄断环节的成本问题如何进行合理性判断似乎没有有效的手段和方法，而这些问题只有重新进行制度设计才能解决。

（四）不同利益主体的利益摩擦阻碍改革的进程

与改革开放初期不同，当前的电力体制改革已难以实现"帕累托改进"。例如，大用户直购改革措施，不同用户从不同角度理解，地方政府希望通过直购降低电价给地方企业让利，或者使得高耗能企业得以发展，发电企业则希望通过大用户直购获得更多的发电量，而电网企业则希望电网企业的利益不受影响，并从备用供电容量的角度提出利益要求。尤其需要指出的是，由于不同利益主体的影响，我国一些改革方案往往是利益平衡的结果，而不是彻底的改革方案。

二、对直购电和输配分开改革措施的评价

对于我国电力体制存在的问题是有目共睹的，但是如何解决存在的问题，采用什么样的改革措施，则有很大的争议。目前讨论比较多的是大用户直购电改革和输配分开改革，笔者认为，这两项改革措施主要是为了破电网垄断、建立竞争的电力

市场。但是，大用户直购电改革和输配分开改革这两项措施都忽视了市场化改革的目的，同时对电力产品的特殊性和这两项改革可能产生的负面影响认识不足。

（一）大用户直购电改革不利于电力资源的优化配置

电力是一网络型产品，网络型产品的供给价格应由这一网络中的所有发电商发电累加所形成的供给曲线，其中任何一个发电商的变化都会影响供给曲线进而会影响所有发电商的收益。直购电则是一个发电商与一个电力用户之间的交易，这种点对点交易所形成的电价不是市场价格，因为它没有计算网络中其他生产者和消费者对产品供需平衡的协同作用。这个交易价格要么侵害发电商的利益、要么损害其他消费者的利益。从大用户直购电试点的省份来看，直购电交易成功的主要原因是用户是寻求低于市场价格的电力，发电商是寻求超过计划电量的发电量。因此，我国大用户直购电政策，实质上是计划电量制度和计划电价制度下一种改良，不符合电力市场交易的规律。

（二）输配分开改革并不能形成"多买多卖"市场

无论是从降低电价的角度还是从节能减排的角度来看，输配分开都不能达到改革的目标。因为输与配都是属于电力的流通环节，输和配的区别只是电压等级和服务的对象和范围有所变化，配电相当于市场上的零售商。配电环节也是送电，不是发电，并不能真正代表卖方，决定不了电量供给的多少，真正卖方应是发电企业。发不发电，发多少电最终是由发电企业决定的，用不用电和用多少电是由电力消费方决定的。影响电力供需关系的是发电企业和电力用户，而不是配电商。输配环节分开，形成多个配电公司，实质上只能解决电力服务环节的竞争性问题，增加用户对电力服务商的选择。虽然电力用户的服务质量可能因为市场竞争有所改善，但输配分开而产生的交易成本是需要由用户承担的。此外，若监管不到位，配电商也可能形成的服务价格同盟，同样会损害消费者的利益。

三、深化电力体制改革的方案与若干措施建议

（一）建立以节能发电调度为基础的、调度独立和多方交易的电力市场

改革目标明确后，改革就要寻求突破口。当前电力调度是电网的一个组成部分，电力系统调度与电力交易结算都隶属于电网公司，由于电力调度的非独立性，发电企业公平上网和新能源电力优先上网问题缺乏制度保障。选择电力调度作为改革的突破口，把电力调度从电网中分离出来，同时取消地方政府计划电量的分配权，建立由多家发电企业与多家电力用户参与的电力交易市场应当是当前电力体制改革成本小，成效大的改革方案。

电力交易市场以电力调度为基础，一个调度中心可建立一个交易市场。实施节能发电调度，电力供应按供电煤耗由小到大排序供电，随着供电量的增长，供电边际煤耗递增，效率递减，供电成本增长，因为高耗煤的发电企业支付脱硫的成本也会相应地增大，电价也随之增高，这样就形成了"电力供给曲线"。从总体上看，交易的量越大，电价越高，从而有利于促进电力用户的节约。风电、光伏发电和水电、核电等由于无煤耗而优先上网。效率高的企业由于具有优先发电权，因此发电能力利用的较为充分，比效率低的企业占有更多的市场份额，因此，节能发电调度实际上起了优化发电资源的作用。以节能发电调度为基础的电力供给曲线是电力交易市场的电力产品，对于电力用户来说，他只能选择用电时间和用电量，而不能直接

选择哪个发电商，因为以节能发电调度为基础的电力供应是一电力供给曲线，而不是某个发电商的发电量和成本。电力市场根据调度范围的电力负荷和发电能力提出市场供求信息，其中包括中长期负荷和短期负荷的信息，受电企业在可选择范围内选择发受电量和受电时间，并签订年度和季度协议。电力交易价格的确定根据电力供给曲线和电力用户选择用电时间与用电量，而且是由多家发电企业和多家电力用户在交易中共同形成的市场价格。

需要指出的是，以电力调度为基础组建电力交易市场后，电网企业只负责电力输送，地方政府则把电量分配的权力交给电力调度。电力调度实行市、省（区）、大区三级调度，下级电力调度在电力优化方面要服从上级电力调度。电网的建设要满足清洁电力的充分利用，逐步改变电网对资源优化配置的地区限制。

（二）推进电力体制改革的若干措施

实行电力调度独立，建立电力交易市场，还要采取一些辅助措施，具体如下：

1. 促进电力交易与碳交易的协调发展

为了促进节能减排，全国碳交易市场正在逐步发展，二氧化碳减排及其相关的金融衍生品交易逐渐增加，并逐渐成为新兴交易品种之一。电力行业作为碳排放大户，碳交易使各种类型电源的环境成本得到了显性、定量的体现，电力市场中不同市场主体的竞争态势将发生很大变化，不仅有利于节能减排，而且有利于电力市场改革。

调度中心根据发电效率和清洁电力优先上网的原则提出调度顺序。由于清洁能源发电不可控，当超过预计的发电时间时，其他发电企业要被暂时停机，因而形成一定的损失，被停发的企业可以通过把因停发而减少排放的二氧化碳在碳交易市场出售，作为企业固定费用的补偿。或者由电力交易市场统一把减少的二氧化碳拿到碳交易市场中出售，并对减少发电的企业给予一定的补偿。

2. 必须加快推进《中华人民共和国电力法》的修订工作，重点破除对电网企业的法定垄断地位，并明确电力市场化改革的根本方向

对于电力调度独立、建立电力交易市场的改革模式，政府监督重点主要是监督电力调度是否按节能发电调度的顺序供电，每个时间的平均电价是否准确。平均电价等某一时刻不同类型发电企业上网电价的加权平均数。此外还要监管发电煤耗是否真实，输配价格是否合理。

3. 鼓励发电企业交叉持股或收购重组

我国一些地方的优质电力资源没有得到充分利用，弃水、弃风问题不断发生，以及改革开放 30 多年了，计划分配电量的计划经济的办法仍然在使用，很重要的原因是企业之间的利益关系没有理顺。为了保证所谓的利益公平，低效率的发电机组挤占高效率发电机组的市场空间，传统的、污染较大的火力发电排挤清洁、可再生能源发电。为了解决电力市场中"劣币驱逐良币"问题，建议把电力企业兼并重组作为推进电力改革的重要措施，鼓励高效率的、清洁发电企业兼并收购高排放、高能耗的发电企业，把企业间的利益关系转化企业内部关系，在保证企业整体效益情况下，淘汰关停一些落后机组，促进电源结构的优化。近年来，为了在全球大市场中居于有利地位，很多国家意识到只有大型企业才具备国际竞争力，因此全球范围内掀起了电力资产并购、重组的热潮，而不再以改革初期政府

主导的对电力企业发输配售环节进行破碎式产权拆分为主。在我国，电网的拆分使地方保护主义得到实现，许多地方为了确保税源，以各种理由宁愿要本地高价电，也不要外地低价电。如东北电网原为国内各电网中最有资源跨省优化配置的区域，却被拆成三个电网，导致跨省流动停止；广东电网拒绝贵州、广西、云南的廉价水电。这些地方的封锁行为严重阻碍了以价格竞争机制配置社会资源。

4. 电网建设投资要实施以国为有主导的多元化投资

中国电网投资建设资金基本都由电网公司筹集，投资主体单一，导致电网建设资金不足，电网与电源建设不协调，发展明显滞后。线路陈旧、设施老化，影响电力系统安全和供电服务，跨区域输电网络仍然不能满足西电东送，农村电网建设历史欠账较为严重。由于市场垄断，电网建设缺乏活力，对于远离负荷中心、规模较少的风电等可再生能源发电输电网的建设没有动力。建议以发展混合所有制的形式，放开电网建设投资的市场准入，加快跨省区电网建设，促进跨省电力交易，实现电力资源的优化配置，这既有利于提高效率，还有利于促进电力市场的竞争。

我国互联网金融发展中的问题与对策[①]

方晓霞

　　完善金融市场体系、发展普惠金融、鼓励金融创新是中共十八届三中全会《中共中央关于全面深化改革若干重大问题的决定》提出的一项重要任务。近年来，随着互联网技术在金融领域的应用日益深入，大数据、云计算、社交网络等新兴互联网技术直接推动了金融市场环境、客户需求和服务模式的深刻变化，催生了互联网时代的金融新业态——互联网金融。它以"低成本、非抵押、便捷"的融资模式，不仅丰富了金融市场的层次和产品，而且让更多的参与者有机会分享社会金融资源，实现了金融服务的普惠性。

一、我国互联网金融主要模式

　　我国互联网金融已经深入到支付、融资、理财等方面，呈

---

　　① 本文是国家社科基金重点课题《智能服务的技术实现研究》（课题编号12AZD112，课题主持人，张金昌）的中间成果。

现出明显的平台化特征，根据业务形式不同，概括起来可以分为以下四种模式。

（一）支付平台型的互联网金融模式

网络支付是指通过计算机、手机等设备，依托互联网发起支付指令、转移资金的服务。互联网金融模式下，支付方式主要有以下三种。

（1）网上银行，即各家商业银行将自身支付结算业务从线下搬上互联网。

（2）第三方支付，即用户通过在第三方支付企业的网站上进行注册和设置，并与相关的银行卡进行关联后进行的一种线上支付行为。第三方支付企业的运营主体主要分为两大模式：一是互联网企业主导的支付账户模式，以支付宝、财付通为代表；二是金融企业主导的银行账户模式，以银联在线、汇付天下、快钱为代表。

（3）手机刷卡器移动支付，手机刷卡相当于移动 POS 机，国内目前主流刷卡器主要有：乐刷、盒子支付、拉卡拉、快钱快刷等。

移动支付是随着智能手机和平板电脑的普及，以 Wi－Fi、3G、4G 等移动通信技术的发展而出现的，具有随时随地和以任何方式进行支付的特点。随着身份认证技术和数字签名技术等安全防范软件的发展，移动支付不仅能解决日常生活中的小额支付，也能解决企业间的大额支付，替代现金、支票等银行结算支付手段。互联网金融模式下的支付方式未来将会以移动支付为主宰。

（二）融资平台型的互联网金融模式

融资平台型的互联网金融是为了满足中小企业和个人的融

资需要，在市场中充当金融中介的作用，目前我国主要有以下三种类型。

1. 网络小贷模式

网络小贷是指互联网企业凭借其电商平台和网络支付平台积累的交易和现金流数据，评估借款人资信状况，在线审核，通过其控制的小额贷款公司，向旗下电子商务平台客户提供便捷的小额贷款的服务模式。阿里小贷是该模式的开拓者，它将阿里巴巴集团的 B2B、B2C 和 C2C 平台积累的海量客户的真实行为及信用数据全部打通共享，通过深度地挖掘数据和云计算将客户在电商平台上的行为数据转化为企业和个人的"信用评级"，建立中小企业贷款数据库，面向阿里巴巴、淘宝、天猫平台上小微企业、个人创业者提供小额贷款业务，已经先后推出了淘宝（天猫）信用贷款、淘宝（天猫）订单贷款、阿里信用贷款等微贷产品。截至 2013 年末，阿里金融旗下的小额贷款公司累计发放贷款 1500 亿元，累计客户数超过 65 万家，贷款余额超过 125 亿元。

2. P2P 信贷经营模式

P2P 信贷（Peer – to – Peer Lending）指的是借款人和投资人之间通过互联网平台实现的直接借贷融资服务模式。P2P 信贷兴起于西方，作为网络中介，其部分替代了商业银行的信用中介职能，大幅度降低了借贷双方信息不对称及交易成本的问题。一般来说，P2P 借贷平台主要负责制定交易规则，为借贷双方提供信息、资信评估、投资咨询等，有些平台还提供资金移转和结算、债务催收等服务，但一般不实质参与借贷关系。近年来，我国 P2P 逐步衍生出了"类担保"模式，当借款人逾期未还款时，有些 P2P 网贷平台或其合作机构垫付全部或部分本金和利息。此外，还有"类证券"、"类资产管理"等模式。

P2P 网贷规避了民间金融非法吸储和非法经营的两大法律风险，是实现民间金融阳光化的最佳途径，不仅为小微企业融资增加了渠道和降低了融资成本，也为高资产净值客户提供了更为优质的理财渠道。我国 P2P 借贷服务平台诞生和发展几乎与世界同步，2006 年由宜信引入。2007 年，拍拍贷和宜信网络平台先后上线，此后，P2P 网贷在我国蓬勃发展。据统计，截至 2012 年末，我国 P2P 借贷服务平台已经超过 200 家，可统计的 P2P 平台线上业务借款余额超过 100 亿元，投资人超过 5 万人。这数字若是加上未统计的 P2P 线下业务，各项数据将倍增，其借贷规模在 500 亿元到 600 亿元之间。但是，2013 年 10 月以来，P2P 出现了倒闭、破产的风潮。

3. 众筹融资经营模式

众筹融资（Crowd Funding）是指借款人或企业利用互联网和 SNS 平台向公众展示自己的创意，筹集从事某项创业或活动的小额资金，并向投资人提供一定回报的融资模式。众筹的起步相对较晚，诞生于 2009 年的美国 Kickstarter 是全球第一家众筹平台。

由于我国的金融制度和金融法规不同于其他国家，我国众筹业务的内涵、模式、发展速度也与国外存在差异。目前我国众筹主要有两种模式：一是以投资对象的产品或服务作为回报，即"团购＋预购"模式。这一模式就其机理而言，属于网购行为，而不是投资行为。二是以投资对象的产品或服务作为回报，即股权投资模式。在这一模式下，投资者购买的是创业者和筹资者的股权，因此，其性质属于个人风险投资。

（三）理财平台型的互联网金融模式

理财式互联网金融就是金融或者非金融机构通过互联网向

投资者提供基金、保险、国债、外汇、期货、贵金属、银行理财产品等销售和交易服务。这是对银行存款业务构成最大威胁的互联网金融业务之一。阿里集团的余额宝是该类业务的先驱者，之后各大银行、券商、基金等陆续抢滩理财类互联网金融市场。

国内该类的互联网金融创新基本上借鉴了欧美等国的发展模式，也出现了个人理财服务和理财社区两种模式。第一种模式主要是指基金、保险等理财产品网络销售平台，旨在帮助用户进行碎片式理财。基金领域，典型的代表是阿里的"余额宝"和腾讯"理财通"，据统计，截至 2014 年 2 月 14 日，"余额宝"规模突破 4000 亿元；"理财通" 1 月 22 日登录微信平台，不到 10 天规模已突破 100 亿元。保险领域，快钱推出的保险行业解决方案项目中，人保、太保、平安、泰康等 30 家险企都已全线接入。2013 年由阿里巴巴、中国平安与腾讯联手设立的众安在线财产保险公司，是内地首家纯互联网保险公司。

第二种模式是理财社区模式。首先，各大金融机构重资投入，打造的专属网上理财社区平台，比如农业银行的"互动 e 站"和招商银行的"i 理财"，它们是以社交网络的方式为客户提供在线交流与互动平台；其次，财旺网等独立理财社区也纷纷涌现，财旺网以 Twitter 社区模式为主，结合传统论坛、博客和即时通信等形式的一些特点，挖掘用户的实际需求，提供定制理财计划。

（四）服务平台型的互联网金融模式

服务平台型的互联网金融模式主要是为个人提供金融产品的搜索和比价服务，以帮助消费者便捷获取费率更低的贷款、理财、保险等服务。金融业的飞速发展带来了各式各样的贷款、理财等产品，如何快速、方便地从中选择更适合自己需求的低费率的产品就成了消费者的重要课题。这样，搜索类的服务平台型互联网金融企业应运而生，2011年成立的融360就是其中的先驱者。

融360本质上是一个搜索引擎，专注于贷款领域，主要为借款者提供满足其贷款需求的银行、小贷公司的贷款产品，省去用户去各家银行、小贷公司分别进行查询的时间，帮助借贷者更为便捷地做出决策。随着互联网对用户行为习惯潜移默化的影响，欧美市场上88%的网民在选择金融产品时，会通过网上进行搜索和调研，未来服务平台类的互联网金融企业极有可能成为用户获取金融产品以及金融机构获得精准客户的主要平台。

二、我国互联网金融存在的问题

不断推陈出新的业务模式和日益丰富的金融产品在为金融产业的发展注入活力的同时，也逐渐暴露出一些值得关注的问题。我国互联网金融业务仍属于初步阶段，处于粗放式发展和野蛮生长的状态，随着业务规模和影响力不断扩大，一些问题和风险隐患暴露出来。由于互联网金融兼具互联网和金融双重因子，决定了其风险远比传统金融更为复杂。

（一）互联网金融相关法律、法规缺失，监管不到位，行业自律不完善

一是互联网金融监管法律缺失。目前，互联网金融的立法尚不完备，其性质缺少明确的法律界定，使得方兴未艾的互联网金融产业走进了法律的灰色地带，未来的法律政策不确定性成为平台发展的巨大潜在风险。如对于快速发展的P2P网络融资平台，我国法律在资金监管、信贷双方的信用管理、个人信息保护、业务范围等领域均没有作出明确具体的规定，以致整

个行业的发展相对比较混乱，有的还涉嫌非法集资。另外，国内现有的银行、保险、证券等方面的法律法规都是基于传统金融企业的监管要求，准备金、存贷比、备付率等乃至《巴塞尔协议Ⅲ》关于资本充足率、杠杆率的规定对互联网金融适用性较弱甚至根本无用。二是分业监管体制难以适应互联网金融混业经营趋势。互联网的开放性和虚拟性大大降低了各种金融服务产品和整个金融产业的进入壁垒，业务综合化发展趋势不断加强，其所提供的服务、创新的产品以及销售渠道都将冲击我国目前的分业监管体制，造成监管执行中遇到许多问题。

（二）客户资金、信息安全问题

互联网金融对技术管理提出了更高的要求。开放式的网络通信系统，不完善的密钥管理和加密技术，缺乏安全的 TCP/IP 协议，以及计算机病毒、电脑黑客攻击、网络金融诈骗、金融钓鱼网站等，极易引起客户账户的资金损失。随着云服务的推出，很多互联网的企业又把一些敏感的数据放在互联网的云端，这给信息安全，包括资金安全带来更大的挑战。一旦数据遭到窃取、泄露、非法篡改，将对个人隐私、客户权益、人身安全构成威胁。而云计算需要大量用户参与之中，其中也存在安全隐患。

（三）信用风险

由于网络融资平台未纳入央行征信系统，平台在进行交易撮合时，主要是根据借款人提供的身份证明、财产证明、缴费记录、熟人评价等信息评价借款人的信用。一方面，此种证明信息极易造假；另一方面，无法全面了解借款人信息。据不完全统计，2014 年以来出现的问题平台（已跑路或者无法提现）已超过 40 家；而在 2013 年全年共有 75 家平台发生倒闭和无法提现的问题。

（四）运营风险

从目前看，P2P 网贷平台中高杠杆率带来的运营风险较为突出。尽管大多数 P2P 网贷公司承诺"包赔本金"，却没有相应的资本约束和保证。据"网贷之家"数据显示，网贷公司"翼龙贷网"的注册资金为 100 万元，而它截至目前的成交量为 19927.50 万元，杠杆率高达 1191.74 倍，"爱投资"、"微贷网"、"有利网"注册资金为 500 万元，杠杆率分别为 443.17 倍、157.53 倍、151.26 倍，规模与注册资本极不相称，一旦资金流动性出现问题，网贷公司将陷入兑付危机。

（五）产品同质化严重，尚未形成差异化的竞争格局

目前我国互联网金融发展较快，互联网企业在介入金融途径多走规避金融准入高门槛、严监管之路，以非金融做金融，模糊金融机构和非金融机构之间的界限。在金融产品和金融服务的研发，推介和提供以及经营管理模式等方面趋于雷同。关键环节同质化严重，多数企业未能依托自身特点、市场需求和客户偏好开发出具有较强功能的特色产品和服务，实现差异化发展，形成差异化竞争格局。

三、对我国互联网金融健康发展的对策建议

2014 年国务院的《政府工作报告》首次明确提出："促进互联网金融健康发展，完善金融监管协调机制。"鼓励创新的同时进行适度监管，已成为社会对于互联网金融发展的共识。为此，要从防范风险过度聚集、保护消费者权益的角度出发，既着手完善相关法律法规和行业自律，谨防重大风险，又要掌握好监管尺度和重点，避免行政管控过急、过严，制约互联网金

融的发展。

（一）尽快出台相关法律法规，建立有效的横向合作监管体系

一是完善现有金融法律法规，加强适应互联网金融发展的立法工作。要加快对现有《商业银行法》、《证券法》、《保险法》、《票据法》等金融法律法规的修订，以适应互联网金融发展的需要，针对不同的互联网金融模式，制定保障互联网金融发展的相应法规，进一步明确互联网金融涉及各方的权利和义务，赋予相应合法地位，有效控制风险。二是制定诸如个人信息保护、征信体系、电子签名以及支付客户识别、身份验证等方面的具体准则和要求，提升互联网金融的技术防控风险能力。三是建立既有专业分工，又统一协调的互联网金融监管体系。目前，我国采取银行、证券、保险"分业经营，分业监管"的框架，但互联网金融出现了混业经营的趋势，为此，在尽快明确各种互联网金融模式监管主体的基础上，加强金融监管协调，建立以"一行三会"监管部门为主，相关信息、商务等部门为辅的互联网金融监管体系，实施交叉性监管，完善监管规则。

（二）建立互联网金融的市场准入和退出制度

对于不同类型的互联网金融企业，可根据其不同特点，进行分类管理，可以允许互联网企业，金融机构和一般企业采取独资、合资、共同组建等形式设立互联网金融机构。应尽快建立出台互联网金融管理办法，从注册资本、运营结构、技术体系、高管资质等方面设定互联网金融的准入门槛，建立准入机制，规范互联网金融经营秩序。建立互联网金融企业退出规则，对超范围经营或者采用违规经营手段以及发生较大风险损失的互联网金融机构，要采取严格的惩罚措施直至退出，同时强化互联网金融风险补偿和分担机制。

（三）加强互联网金融行业自律，规范互联网金融业务模式

一是可以通过建立行业自律标准规范，制定互联网金融公平交易规则以及安全法规，来保证互联网金融行业健康、有序、可持续发展。2013 年 12 月，上海网络信贷服务业企业联盟发布的《网络借贷行业准入标准》是全国首个 P2P 网贷行业自律标准，其中针对企业资金管理、运营要求、从业人员资格、经营规范、风险防范、信息披露、消费者权益保护都表达了明确意见，具有指导性意义。二是尽快成立行业协会，以规范行业秩序，约束企业行为，保护消费者的权益。

（四）加强社会信用体系的建设

要降低互联网金融开放性、虚拟性所带来的风险，必须加快社会信用体系建设，大力发展信用中介机构，完善企业和个人信用记录和基本资料的收集、整理和规范工作，健全企业和个人信用体系。建立支持新型互联网金融发展的商业信用数据平台，推动信用报告网络查询服务、信用资信认证、信用等级评估和信用咨询服务发展。

（五）加强互联网金融消费权益保护工作

一是制定专门的互联网金融消费权益保护办法，对交易过程中的风险分配和责任承担、机构的信息披露、消费者个人信息保护等作出明确规定；二是成立以"一行三会"为基本架构的互联网金融消费者保护体系，解决相应金融纠纷，加强互联网金融消费者的教育。

应鼓励制造业向中西部地区转移而不是对外投资

李 钢 王 茜

一、对外投资不是现阶段我国制造业主要的转移方向

美国作为世界上对外直接投资较早、制造业对外转移规模最大的国家，有两次对外直接投资的快速增长阶段：一是第二次世界大战后至 1960 年，二是 20 世纪 80 年代中后期至 21 世纪初。直接投资带动的产业转移给美国带来了巨大的经常账户逆差，而美国能够在此情况下实现经济增长和产业升级，原因有两点：

一是美国第一产业和第三产业的净出口能够平衡第二产业的部分逆差。以第一次产业转移后的 1971 年为例，美国 1971 年第二产业净进口 28 亿美元，而第一产业净出口 5.4 亿美元，第三产业净出口 13 亿美元，这使美国经常项目下净进口最终仅有 13 亿美元。再以 2011 年为例，美国 2011 年第三产业净出口 1785 亿美元，平衡了第二产业 22.5% 的逆差；作为农业出口大

国，美国第一产业的净出口值也同样平衡了一部分第二产业的逆差。

二是美元的国际货币地位。一方面，美元成为世界交易与储备货币必要条件是美国必须以资本账户逆差或经常账户逆差的方式输出美元以满足世界各国对于货币流动性的需要。当经常账户为逆差时，意味着他国商品流入美国和货元流出美国，即用美元支付进口商品或服务之后，使得美元输出，成为他国的储备货币；当资本账户为逆差时，即为对外直接投资或援助形式的资本输出；当两个账户之和为逆差时，意味着其他国家能获取美元，进而实现美元国际货币的功能。观察美国1960~2012年经常账户与资本账户之和的演变趋势可以发现，两账户之和从1971年之后总体是逆差状态，从1982年以后持续逆差状态，保证了美元作为国际货币的功能。另一方面，美元成为世界货币后，又可以通过本国印制的美元（符号）直接购买外国的商品，从而保证美国在经常账户为逆差时，美国不用担心对外支付问题。

我们必须要看到，第二次世界大战后美元一直能成为国际货币最根本的原因是由于美国制造业所支持的军事强国，及制造业中所衍生与支持的强大创新能力。美国"再工业化"的提出表明，以制造业为核心的第二产业是第三产业发展的重要基石，要防止制造业转移带来的"产业空心化"。事实上，虽然目前发达国家服务业比重大大超过了第二产业，但生产性服务业占整体服务业的比重基本在60%~70%之间。生产性服务业主要是从第二产业中衍生出来的，没有制造业的充分发展，没有高度发达的工业文明，生产性服务业是难以发展的，甚至很有可能当制造业"空心化"后，生产性服务业也难以持续健康发展。

当前，我国从人均经济水平、产业结构、技术水平、劳动力素质等方面综合判断，大体相当于美国 1910～1940 年的水平，而美国产业转移主要是发生在第二次世界大战后，特别是1990 年后。目前来看，中国对外投资虽然对于有效使用外汇储备、规避外贸壁垒、保障国家能源安全等方面有积极的作用，但对外投资的规模与增长速度已经超过了中国目前的发展阶段。主要表现在以下方面：

一是中国对外直接投资累计余额已经超过目前发展阶段应有的水平。1945 年美国对外直接投资累计余额才仅为 84 亿美元，相当于美国 GDP 的 4% 左右；1962 年美国对外直接投资累计余额为 373 亿美元，相当于美国 GDP 的 6.7% 左右。而中国2013 年底对外直接投资累计净额已达 6221.4 亿美元，相当于中国 GDP 的 6.7% 左右，已经与美国 1962 年比例相当。

二是中国近年对外投资增长率过快。美国在 1914～1945 年时的对外直接投资累计余额年均增长率仅为 3.7%；在美国对外投资增长率最快的 1996～2000 年，累计余额增长率为 14%。而我国 2011 年底对外直接投资累计净额达到 4247.8 亿美元，2012年为 5319.4 亿美元，增长率为 25%；2013 年增长率略有下降，但也高达 16.8%。

三是美国对外投资快速增长阶段时，第一产业就业比例已经很低，而我国目前从事低效农业生产的劳动力绝对量仍旧巨大，通过工业化与城市化把劳动力转移到高效产业潜力仍旧巨大。美国第一次对外直接投资的高潮是发生在 1950 年以后，而美国 1950 年时的第一产业就业比例仅为 12%，城市化率已达64%。而 2011 年中国第一产业就业率仍旧高达 34.8%，城市化率也仅为 52.57%。说明我国仍旧有较大的任务把从事第一产业的劳动力转移到劳动生产率较高的非农产业中。

综上所述，我们认为，虽然对外投资对于中国经济的发展有积极的作用，但目前中国尚没有进入鼓励制造业向海外转移的阶段。中国海外投资领域应集中于以下两个领域：一是投资于国外矿产资源及相关领域，从而保障国家经济安全；二是通过收购发达国家制造业领先企业，获取国外高级生产要素，提升中国技术水平。对于制造业尚没有到大规模向海外转移阶段。

二、制造业向中西部地区转移具有很大空间

我国东中西部经济发展梯度性强，区域间存在产业转移的可能，而当前中西部地区已基本具备承接制造业转移的条件。目前应抓住新型城镇化机遇，推动制造业向中西部地区进行转移。

中国城镇化格局在地域上表现为"东密西疏"的阶梯状分布。《中国西部经济发展报告（2013）》指出，2012年底，东、中、西部地区城镇化率分别为56.4%、53.4%、44.9%。李克强总理在第十二届全国人大二次会议上提出要"引导约1亿人在中西部地区就近城镇化"。而没有非农产业发展、不能给农民提供稳定职业岗位的城镇化，会让农民必然沦为"流民"，城镇化会沦为"空城计"。因此，工业化是决定城镇化成败的关键所在，就近城镇化应当与制造业转移相互促进，实现共同发展。

将制造业转移至中西部地区，有利于强化中西部地区的产业基础，为当地农民工创造就业岗位，增强地区经济社会的"造血"机能，加速中西部地区的新型城镇化进程。当千百万的劳动者在家乡就能找到合适的工作并获得理想的收入，就近城镇化的目标才有可能真正实现，我国的经济社会才可能出现均衡的可持续发展。

三、促进制造业向中西部地区转移的可行政策

我国实施西部大开发政策对于促进区域协调发展起到了积极作用；但目前制造业向西部转移尚不够顺畅，可以通过进一步做好以下工作，促进制造业向西部转移。

（1）要使企业对海外投资政治风险特别是对东南亚地区投资的风险有充分的认识，企业应该对产业转移成本进行全面评估。2014年5月，"越南排华"事件的发生给中国企业带来了严重的损害，也由此引发了人们对制造业转移方式的思考。应利用各种途径向中国企业说明对外投资的风险所在，特别是与中国存在领土争议的越南、印度、菲律宾等国家进行产业转移的风险；让企业在对产业投资地的选择上充分考虑政治风险等非经济成本，从而更加审慎地进行海外投资。

（2）通过打造"丝绸之路经济带"的珍珠，带动西部地区的工业化，建立边疆地区长治久安经济基础。作为西部大开发的升级版，建设"丝绸之路经济带"的宏伟构想，再一次为中西部地区的发展带来重要契机。我国目前应动员各种社会力量，如同当年搞经济特区一样，在西部建立2~3个有潜力的经济增长极，成为丝绸之路上的明珠，带动整个丝绸之路经济带的发展。目前，已经出台了很多国家级的区域发展规划，对于推动区域的协调发展起到了一定的作用，但也存在中心任务不够集中等问题。丝绸之路经济带的建设可采取在西南与西北各确定一个城市作为核心增长极，实施比当年特区更加优惠的政策；通过核心城市建设带动丝绸之路经济带的建设。边疆地区近年来发生的暴力恐怖事件，从根本上讲是经济欠发达造成的，当地的一部分群众不能有效参与经济发展是重要原因。只有通过加快发展边疆经济，才能从根本上保持边疆经济繁荣、社会长

治久安。丝绸之路经济带建设是边疆维稳的经济基础，是实现边疆长治久安的经济基础。在推动东部地区的产业转移时，企业要算经济账；而政府不仅要算收支的经济账，更要从全局角度、政治高度算"经济大账"。

（3）利用税收分成制度，发挥东部政府推动产业向西部转移的积极性；并进一步提升中西部地区政府服务意识及效率。中国社会科学院工业经济研究所（以下简称"工业经济研究所"）对外资企业投资选择因素进行过调查，调查显示，外资企业对投资地政府的效率最为关注。企业对西部地区进行投资转移的最大障碍也是当地政府的服务意识及办事效率。由于目前的财税制度，东部地区政府也不愿意某些产业向西部地区转移。可以鼓励东部地区在西部特区建立飞地产业园，由东西部地区共管，税收分成，调动东西部地区的积极性。

（4）抓住基础设施建设的有利时机，全面提升西部地区的基础设施水平。目前，我国有一种将投资"妖魔化"的舆论，认为政府进行投资是低效的代名词。实际上，工业经济研究所对经济学家的调查显示，大部分经济学家认为虽然政府进行的基础设施投资有可能造成一定的效率损失，但对于提升中国的潜在增长力还是非常必要的。当前各种基础原材料价格水平较低，国内施工市场不太景气，可积极主动地利用这一有利时机，建设对西部地区经济发展制约较大的跨区域的基础设施。在基础设施的建设上要有长远规划，不要因为建成后一段时间的利用率不高就认为造成了浪费，实际上，有一些基础设施在建设后相当一段时间内利用效率的确不高，但是当经济发展到一定程度后，这些基础设施的利用效率会明显提高。

（5）西部地区的制造业发展要注重发展节水工业，同时要注重建立水权交易机制，抓紧进行跨区域的调水工作。水资源的短缺是西部地区制造业发展的重要"瓶颈"。西部地区制造业一方面要选择低耗水工业，另一方面也可通过水权交易，将水资源配置到能创造更多就业、更多财富的行业中。西部地区的水资源短缺状况难以改变，但可以通过跨省域的调水工程来改变当地发展条件。

"就地城镇化"模式的提出和"新丝绸之路"战略的实施均为中西部地区承接制造业转移提供了历史性机遇。将我国东部制造业转移至中西部地区则既能规避制造业转移至东南亚地区的风险，又能带动中西部经济发展，为中西部地区就地城镇化注入动力，从根本上消除边疆的不安定因素，形成经济、政治、人文相互促进的良性循环。

新时期的员工持股制度：适用范围、推行原则及对策建议

黄群慧　余　菁　王　欣　邵婧婷

　　我国的员工持股是在国有企业公司制和股份制改造过程中发展而来的一种制度安排，它兼具提高经济激励与改善社会治理的"双效应"。从 20 世纪 80 年代中期国有企业股份制改造试点以来，我国的员工持股实践一直处于"摸着石头过河"的状态。其间，既有成功经验，也有失败教训；经历过大力推广，也数次被紧急叫停。中共十八届三中全会提出，"允许混合所有制经济实行企业员工持股，形成资本所有者和劳动者利益共同体"。员工持股，有望成为未来国资改革的亮点之一，规范和加快员工持股的改革，有利于进一步释放这一制度的应有潜力。

一、员工持股的制度意义及实践问题

　　员工持股本质上是一组使企业员工既是本企业劳动者又是本企业所有者的激励性制度安排。一方面，员工持股的关键是使企业员工既是本企业劳动者又是本企业所有者，这涉及企业

与员工之间的社会关系调整；另一方面，员工持股后，收入水平得到提高。设计得当的员工持股制度安排，应该既能够实现提高员工福利的经济激励效应，又能实现规范和改善企业治理的社会效应。

在实践中，员工持股的具体安排具有丰富多样性。具体到一项特定员工持股方案，随着员工持股数量或比例多少、价格高低等关键性制度安排的不同，不同方案表现出的社会经济效应可能会大相径庭。如果在持股方案中，员工持股人数有限且持股价格低或者员工股票来自企业奖励或赠予，这种方案将更多体现出针对少数企业骨干人员的经济激励效应；如果员工持股人数众多但人均持股量不多且持股期限长，则这种员工持股方案主要体现的是在改善一般员工福利方面的长期激励效应；如果员工持股比重高，甚至高至占到控股地位，此时，企业产权结构将发生变化，这种方案会起到从根本上改变企业治理体制机制的作用。

在近三十年的发展过程中，我国的员工持股实践经历过数次政策性调整，这充分说明了这一制度先进性与复杂性并存。先进性体现在它能够充分释放经济活力，切实保障社会主义劳动者享受资产收益的权利；复杂性体现在制度设计和执行如有不慎，便容易暴露出来诸如短期套利严重以及社会分配不公、收入差距拉大等弊端。

目前，我国员工持股出现的主要问题集中在制度设计和制度执行两个层面。从制度设计层面看：我国对员工持股实践缺乏统一的顶层设计，无论是相关的法律法规还是制度规范，都落后于实践，且大多属于"问题补救型"，缺乏整体考虑。各地方的员工持股"各自为政"，各方面的政策不兼容甚至相互矛盾，令企业无所适从。而且，员工持股虽有近三十年的实践经历，但到目前为止，其持股主体或机构的法律地位仍然不明确，由此产生诸多法律纠纷。从制度执行层面看，员工持股所引发的实践问题更是五花八门。比如，有的国有企业以过高的折扣向管理层和员工发行股票，导致国有资产流失；有的企业员工持股变成了管理层控股，加剧了分配不公的现象；有的企业管理层和员工在公司上市前持有公司大量股份，但在上市后或持有期满后即刻迅速变现，使员工持股沦为内部人员的敛财工具，同时造成"减持"潮，扰乱资本市场的正常秩序；还有的企业将员工持股作为企业集资的一种手段，大搞"分派"甚至用"下岗"加以威胁，违背了自愿性原则。此外，持股比例在新老员工之间难以平衡、退出机制不顺畅以及股权激励错配等问题也时有发生。

二、新时期员工持股的适用范围

中共十八届三中全会将积极发展混合所有制作为深化国有企业改革的一项重要任务。混合所有制的提法可以追溯到中共十四届三中全会，不过，中共十八届三中全会对混合所有制有了新的认识，还特别强调在混合所有制经济条件下实行企业员工持股。一方面，员工持股是混合所有制改革的一个重要"混合方"；另一方面，员工持股的长期激励效应，将有利于充分发挥人力资本的作用，促进不同所有制企业的长远发展。新的历史时期，究竟哪些企业适宜引入员工持股呢？我们认为，要把握好企业功能定位和人力资本的重要程度、企业资产规模、员工持股制度的适用性的影响。

（一）企业功能定位和人力资本重要程度的影响

允许混合所有制经济实行员工持股，这意味着对国有企业而言，越适宜于混合所有制的国有企业，越具备实行员工持股的条件。我们认为，现有国有企业，大体上可以分成公共政策性、特定功能性和一般商业性三种类型。三类企业在实行员工持股问题上，应有以下三点不同的政策思路。

一是公共政策性国有企业，即带有公共性或公益性的、特殊目的的国有企业。这类企业仅承担国家公益性或公共性政策目标而不承担商业功能。这类国有企业通常应该是国有独资企业，既不适合改组为国有资本投资运营公司，也不可采用混合所有制，因此不适宜推行员工持股。因为对这类企业而言，市场与价格机制难以正常的发挥作用，员工努力对于企业绩效改善的贡献很难界定，员工持股难免有利益输送的嫌疑。

二是特定功能性国有企业，这类企业天然具有混合特征。它们有一部分商业功能，也有一部分非商业性或政策性功能，其非商业性功能的实现，又要求以企业自身发展和经营活动盈利为基础和前提。特定功能性国有企业的股权结构通常是国有绝对控股或相对控股的股权多元化结构。这类企业要根据具体功能，有选择地谨慎地推进员工持股，其中市场化条件不成熟或尚不具备推行混合所有制改革基础和条件，以及人力资本贡献不显著或不宜度量的那些企业，暂不宜考虑实行员工持股。

三是一般商业性国有企业，也就是通常所说的竞争性国有企业。它们属于高度市场化的国有企业，只承担商业功能和追求盈利性经营目标。作为一般商业性的国有企业，它们要积极推进混合所有制改革。在改革成为混合所有制企业的过程中，那些对人力资本贡献依赖度大的企业，要下大力气实行员工持股，努力形成资本所有者和劳动者利益共同体。

从原则上讲，在同一功能定位类型的国有企业中，员工的人力资本对企业竞争能力影响越大的国有企业，更适宜推行员工持股。

（二）企业资产规模的影响

除企业功能定位因素外，还要考虑企业规模大小。2008年6月，为规范国有企业员工持股尤其是管理层持股行为，国务院国资委发布了《关于规范国有企业职工持股、投资的意见》（征求意见稿，以下简称《意见》）。《意见》的主导思想是"控大放小"，即控制管理层和员工持有国有大型企业股权的比例，鼓励员工持股参与国有中小企业。这体现了两个主流观点：一是员工持股制度通常适用于规模小的企业；二是规模大的企业则要限制员工持股的比例。但从实践层面看，一些规模很大的企业如联想、华为、绿地等，都很好地利用了员工持股取得了长足的发展，有的已经成为跨国公司。对此，我们认为不容忽视的一个重要经验是，这些集团往往是在企业规模相对较小的起步阶段，就有计划地推行了员工持股，伴随企业不断发展壮大，其作用也日益凸显。

（三）员工持股制度的适用性

综合以上分析，按照国有企业功能、人力资本性质和企业规模几个维度进行分类，给出了我们对新时期员工持股制度的适用性问题的初步思考：首先，一般商业性国有企业比特定功能性和公共政策性国有企业更适宜推行员工持股制度。特定功能性国有企业可以因企制宜，视其具体的业务特性和企业规模大小，谨慎推行或有选择性地推行员工持股制度，而公共政策性国有企业不宜推行员工持股。其次，在同一功能定位类型的国有企业中，员工的人力资本对企业竞争能力影响越大的国有企业，更适宜推行员工持股；已经发展了混合所有制的国有企业，更适宜推行员工持股。最后，国有中小企业可以积极实行员工持股，而国有大企业则可以采取分步骤、逐步推行的方式来实行员工持股。对于大型企业集团，可以先在下级企业中实行员工持股，再根据混合所有制改革的需要，择机推进集团本部的员工持股。

三、推行员工持股应坚持的三项原则

针对我国员工持股实践中已经暴露出来的负面问题，我们认为在新的时期，推行员工持股制度，应遵循三方面的原则：激励相容原则、增量分享原则与长期导向原则。

（一）激励相容原则

员工持股从本质上讲是一种对员工进行激励的制度安排。所谓激励，是指组织需要通过制订一定的目标影响人的需要，从而激发人的行动。激励相容理论强调，当个人需要与组织目标相一致时，激励的制度效用能够得到最大限度的发挥。员工持股制度，只有在认购价格、持有比例、持有期限、退出机制等方面设计得当，才会真正产生"激励相容"的效果，使员工的个人利益与企业的长远发展捆绑在一起。多年来的员工持股实践表明，激励不相容，会带来种种负面问题。一方面，有激励过度或激励扭曲问题，体现为在持股比例上，管理层与普通员工持股差距过大而造成的收入差距拉大。抑或持股期限和退出机制设计不当，造成了短期套利严重的问题。另一方面，有激励不足的问题，如"人人都持股"的平均主义，或因持股比例过低而未能形成有效激励的"搭便车"现象等。总之，在新一轮的改革中，应该发展符合激励相容原则的员工持股制度，使其产生"多劳多得"的效应。员工要想获得更高的收益，则必须努力付出，运用自身的人力资本，为企业绩效的提高做更大的贡献。

（二）增量分享原则

关于员工持股制度，有一种观点担心员工持股会变相地将国有股转化到一小部分人手中，造成国有资产流失。这种情况在过去的实践中的确有发生。因此要成功实行员工持股，则要坚持不能侵吞原有国有资产存量，而是要对国有资产的增量利益进行分享，即着眼于"分享增量利益"，而非"瓜分存量利益"。美国是最早实行员工持股的国家，员工持股的设计思路就是让员工无须动用储蓄，直接通过分享企业的未来成长收益，逐步成为企业的所有者且进一步分享更长远的企业成长收益。参照这一成功经验，我国的员工持股，也不应拿原有的国有资产存量去和员工分享，而是应该鼓励将企业增量效益，尤其是那些明确是由于员工努力而创造出来的企业超额收益拿来分享，这样做既可以有效避免国有资产流失，还有利于激励员工努力工作，提升企业的未来发展空间，进一步做大做强国有资产总量。

（三）长期导向原则

员工持股计划本质上是一种长期激励机制。只有坚持长期导向原则，才有可能充分发挥这一制度的优越性，对员工的组织承诺和企业中长期发展起到的支撑作用，为企业带来未来和可持续的价值增值收益。国外员工持股计划，通常规定员工认购的企业股份，若干年内不允许流通和转让。例如，法国企业规定时间是5年，英国企业规定是7年。在美国，员工持股计划中有员工为其公司服务的年限要求。美国的员工持股最初在法律层面就与退休金保障计划联系在一起，而退休金保障计划是员工在达到退休年龄之后才能享受的福利。相比而言，我国一些企业实施员工持股失败的一个重要原因，就是制度设计时没有避免可能出现的短期逐利主义行为，从而沦为持股者的套利工具，进而招致人们的诟病。

四、对策建议

针对过去我国员工持股出现的问题以及下一步积极发展混合所有制和实行员工持股的要求，结合员工持股制度的适用性分析和基本原则，本书提出以下几方面的建议。

第一，新时期推行员工持股制度，要坚持激励相容、增量分享与长期导向的基本原则。

为了使员工持股制度不偏离初衷并且真正发挥实效，在制度设计中应贯彻三个基本原则，即激励相容原则、长期激励原则和增量利益共享原则。要努力使行为人追求个人利益，与企业实现集体价值最大化的目标相吻合，即将员工的个人利益与企业的发展捆绑在一起。国有企业在实行员工持股时，应杜绝"瓜分蛋糕"式的狭隘思维，立足于未来和长远发展，激发员工努力创造国有资产增量，并分享这一增量。员工持股不应是一种短期行为，而应通过实行员工持股最大化，员工的主人翁意识及对组织的承诺，起到激励员工长期为企业尽心尽力工作的作用。

第二，推行员工持股制度，要结合企业功能定位和规模因素进行分类指导和有序推进。

企业功能定位、人力资本的重要程度和规模特征等因素，都会影响到员工持股制度的适用性。从企业规模方面看，应当从思想上突破"员工持股制度只适合小企业"的障碍。从企业功能特征或产业特征来看，在房地产、建筑、贸易物流等完全竞争性领域，以及电子信息、新能源等高技术制造领域，员工持股制度有相对更大的适用空间。这些领域中的高度市场化的国有企业，可以把握这一轮混合所有制改革的契机，大力推行员工持股制度。而那些具有特定战略意义与公共保障功能的国有企业，如中储粮和中石油、中石化、国家电网等，在其市场化改革不充分的条件下，不具备推行员工持股制度的基础和条件，应暂时予以限制。

第三，加快员工持股的立法与制度建设工作，尽快形成关于员工持股统一的、切实可行的法律和政策环境。

员工持股的健康有序发展，离不开立法和政策的支持。与美国等西方发达国家相比，我国在员工持股方面还缺乏一个相对完整的、规范且切实可行的法律制度体系。从深化改革的要求看，我国应借鉴国际经验，明确员工持股机构的法律地位，规范操作程序，对涉及不同方面的法律法规与政策的相关内容进行协调与统一修订，实行政策层面的统一监管。除规范外，另一个问题是政策支持的问题。国外为员工持股计划提供了大量税收优惠或金融手段上的政策支持。根据美国审计总署 1986 年的调查显示，美国公司有动力实行员工持股计划的主要原因之一便是为了享受政府提供的纳税优惠。不仅如此，税收优惠的辐射面还包含了转让股份给员工的股东，购买公司股份的员工，以及为此计划中各方提供贷款的金融机构。我国到底需不需要效仿国外的做法，为企业员工持股提供系统性的政策支持或者说是否需要针对某些特定类型的员工持股计划提供政策支持，对这个问题还需要加强研究。最后，为了提高企业的积极性，针对一般商业性领域的混合所有制企业所推行的员工持股，应当参照负面清单的改革思路，非禁即入要给予企业足够的制度激励和容错空间，允许企业在规范运作的前提下，让先行先试的受益者，能够起到良好的示范与带动作用。

关于构建国有经济"分层分类全覆盖"管理体制的设想

黄群慧　余　菁

　　中共十八届三中全会指出,要完善国有资产管理体制,建立以"管资本"为主的国有资产管理新体制,组建国有资本经营公司和国有资本投资公司。如何构建以"管资本"为主的国有资产管理体制,目前有两种观点:一种观点认为,现行国有资产管理体制在过去十年的运行中,暴露出政企不分、政资不分,过度干预以及国有资产规模扩张快但运行效益水平不高这些新矛盾和新问题。深化改革需要转换国资委的角色,以"管资本"为主的管理形式来替代国资委现行"管人、管事、管资产"的管理形式,推动国有资产的资本化和证券化,学习"汇金模式"或"淡马锡模式",建立以财务约束为主线的国有产权委托代理关系。另一种观点强调,要肯定和坚持2003年以来国有资产管理体制改革的成果,而中共十八届三中全会提出的以"管资本"为主的管理体制,应该是对现行"管人、管事、管资产"管理体制的完善,以"淡马锡模式"或"汇金模式"为代表的金融资本管理模式存在政企不分、政资不分的弊端，不能够将金融资本管理模式照搬到实业资本管理模式上，尤其是面对我国庞大的国有实体经济，这种照搬更不可行。我们认为，国有资产管理体制改革应该有一个更宽广的视野，建议构建一种分层分类、全覆盖的国有经济管理体制。

第一，从分层上看，国有经济管理体制是由"国有经济管理委员，国有资本经营公司或者国有资本投资公司和一般经营性企业"三个层次构成。

首先，最高层次是政府的国有经济管理部门（这里没有将最高国家权力机关人民代表大会考虑进去，而未来国有资本经营预算是应该向人民代表大会定期汇报的），可以命名为"国有经济管理委员会"（以下简称"国经委"），区别于现有的"国有资产监督管理委员会"（以下简称"国资委"），"国经委"负责整体国有经济监管政策的制定和监督政策的执行，解决整个国有经济部门和不同类型的国有企业的功能定位问题，建立国有资本资产负债总表、编制和执行国有资本经营预算，负责中间层次的国有资本运营公司、国有资本投资公司的组建，对其章程、使命和预算进行管理，负责国有资本的统计、稽核和监控等。与现有的"国资委"相比，"国经委"管理职能要减少和虚化很多。虽然国有经济的概念要包括国有资本、国有企业和国有资产而且全覆盖所有行业，但由于"国经委"直接管理的是对现有企业合并重组后组建的国有资本投资公司或者国有资本经营公司，数量相比现在的"国资委"直接管理企业数量要少；在中间层次上，组建和发展若干数量的国有资本投资公司和国有资本运营公司。作为世界最大规模的经济体之一，在中央政府层面，需要数十家中间层次的这类平台公司。从现实出发，这类平台公司有三类：一是类似于"汇金模式"的国有资本运营公司，专注资本运作；二是投资实业方向相对单一、主业突出的国有资本投资公司，如中石油；三是投资实业方向多元、主业不突出的国有资本投资公司，如中粮、国投等。正是这三类平台公司共同存在，实际上就折中了上述国有资产管理体制改革的两派观点。作为政府与市场之间的连通器，这些平台公司将在确保国家政策方针贯彻落实的前提下，尽最大可能地运用和调动各种市场手段，为下辖的国有企业提供与其企业使命、功能定位相称和相适宜的运营体制机制。最后，才是第三层级的一般意义的经营性国有企业。

第二，从分类上看，将国有企业划分为公共政策性、一般商业性和特定功能性三个类型进行分类治理。

国有经济总体上承担着两大使命，或者说发挥着两大方面功能，一个功能是公共政策性，作为政府实现公共目标的工具或者资源；另一个功能是市场盈利性，保证国有资产的保值增值。由于渐进式改革，这两类功能的国有经济并没有在具体的国有企业中区分，造成国有企业面临着"使命冲突"，从而使得国有企业无法与市场经济体制彻底融合。新时期深化国有经济改革，需要准确界定不同国有企业的功能，国有企业已经步入了一个"分类改革与分类监管"的新时期。我们认为，考虑到历史沿革和可行性，应该是根据企业使命和承担功能性质的不同，将国有企业分成公共政策性、特定功能性和一般商业性三种类型。

公共政策性国有企业。这类企业是带有公共性或公益性的、特殊目的的国有企业。它们仅承担国家公益性或公共性政策目标而不承担商业功能。公共政策性国有企业，应该是国有独资企业。具体监管方法是"一企一制"、"一企一法"，确保企业活动始终以社会公共利益为目标。这类国有企业数量非常少。

目前，有的公共政策性国有企业也在开展商业性业务活动，一旦明确企业功能定位，其商业性活动应该逐步分离出来。从长远看，公共政策性国有企业将是国有资本加强投资和监管的重点。

一般商业性国有企业。这类企业也就是人们常说的竞争性国有企业。它们属于高度市场化的国有企业，只承担商业功能和追求盈利性经营目标。一般商业性国有企业采用公司制或股份制，其股权结构应该由市场竞争规律决定，遵循优胜劣汰原则。在规范运作的前提下，这类企业的股权多元化程度和股东的异质性程度，不应该受到非市场性因素的困扰和扭曲。为数众多的中小型国有企业大都属于这一类型。

特定功能性国有企业。这类企业具有混合特征，它们有一部分商业功能，也有一部分非商业性或政策性功能，其非商业性功能的实现又要求以企业自身发展和经营活动盈利为基础和前提。特定功能性国有企业的股权结构是国有绝对控股或相对控股的多元化结构。有特殊的政策性功能要求的，可以制定具体政策来规范企业的股权结构；没有特殊政策规定的，应该由市场来发挥资源配置的决定性作用。从长远看，特定功能性国有企业将进一步分化，这类企业中的大多数，将转变为一般商业性国有企业。

基于这样功能分类，我们认为，现在的 113 家中央企业中公共政策性企业有 5 家，中国国新、中储粮总公司、中储棉总公司、国家电网和南方电网；特定功能性企业有 32 家，包括国防军工板块的十大军工企业和中国商飞公司，能源板块的三大石油公司、国家核电、中广核集团和六大电力公司，以及其他功能板块的中盐公司、华孚集团、三大电信公司、三大航空公司以及中远集团、中国海运等；一般商业性企业有 76 家，包括一般工业制造企业、综合贸易服务企业、建筑工程企业、科研企业和资产规模在 500 亿元以下的其他企业。

由于国有企业复杂性，这个分类可以是动态的，随着环境和情况变化而调整。

在这种企业分类的基础上，新的分类分层国有经济管理体制对国有企业监管采用的是差异化的国有企业分类治理机制。所谓差异化分类治理机制，指的是不同功能定位的国有企业，分别适用于不同的企业治理制度，具体表现为法律适用、考核办法、企业领导人员选任和薪酬制度、国有资本收益上缴制度、监督与信息公开等各方面的差异化制度安排。

第三，从全覆盖看，新国有经济管理体制将现有的金融、工业、文化、铁路等分领域管理的"分业监管"纳入"统一监管"的框架下。

"三层三类"国有经济管理体制，也使得"全覆盖"的国有资产和国有企业的统一监管成为可能。因为"国经委"管理职能的"虚化"，使得能够将工业、金融、文化、铁路、农业等各个领域的国有经济全部纳入"国资委"的管理范围中，只是要根据行业特征在其下组建不同的国有资本运营公司和国有资本投资公司而已。建立"全覆盖"的统一监管体制，确立"国经委"的政策权威地位，有助于消除现行监管体制中的"盲区"和促进全国国有资本的统一优化配置，有利于不同行业领域国有资本管理政策的统一协调。"国经委"要着重通过对不同国有部门的准确功能定位，对国有资本投资公司或者国有资本运营公司进行充分授权，避免随意参与和干预相对低层次的国有资本投资运营公司及下辖国有企业和国有资产的日常运营活动。

总之，我们设想的国有经济管理体制是由"国有经济管理委员，国有资本经营公司或者国有资本投资公司和一般经营性企业"三个层次构成，管理"公共政策性、特定功能性和一般商业性"三个类型国有企业，全覆盖所有领域的"三层三类全覆盖"体制。国有经济管理体制改革，是一项综合性的体制机制改革，不仅涉及国有经济、国有资产和国有企业的功能定位问题，还涉及干部管理体制、劳动人事制度以及调整政府与企业之间、中央政府与地方政府之间的关系等更为深层次的社会经济运行的体制机制问题。因此，在构建步骤上，为了稳妥可以考虑先在地方政府层面试点，在总结经验基础上，逐步推广并上升到中央层面。

创新驱动模式的转型

黄速建　肖红军

　　改革开放以来，中国作为后发国家，充分利用要素性后发优势、技术性后发优势和制度性后发优势，成功实施了"学习模仿"驱动型的后发优势战略，很大程度上实现了对先发国家的追赶，创造了举世瞩目的"中国奇迹"。然而，一方面，当后发国家通过积极追赶取得在发展上逐渐趋同于先发国家时，后发优势所带来的后发利益将呈现出边际收益递减并可能最终消失，由此后发国家的追赶式或压缩型高速增长不可持续，后发国家与先发国家之间总存在一段"最后最小差距"；另一方面，中国经济长期以来以高速增长的数量型"人口红利"、第一波"全球化红利"以及增量改革为特征的"体制转型红利"都在加速衰减，生产要素驱动和投资驱动经济增长的动能在减弱，中国经济陷入"中等收入陷阱"的风险在增长。因此，无论是消除与先发国家之间的"最后最小差距"，还是成功规避"中等收入陷阱"，都要求加快推动中国经济发展动力源的转换，即由"学习模仿"驱动转向"创新"驱动，实现由正在消失的"后发优势"甚至日益呈现的"后发劣势"向打造形成"先发优势"转型。

一、"后发优势"向"先发优势"转型的多个创新动力

创新能够驱动"后发优势"向"先发优势"转型，但创新驱动自身也要有驱动，即驱动创新。按照驱动创新因素的不同，创新可以分为市场驱动型创新、企业家创新精神驱动型创新、技术驱动型创新和政府驱动型创新。市场驱动型创新又分为市场需求驱动型创新和市场竞争驱动型创新，前者主要是指企业为了满足不断变化的市场需求而不断进行生产要素的重新组合，创新产品与服务的生产和提供方式；后者则是指企业为了获得相对的竞争优势，尤其是为了获得先发优势而不断进行技术创新、管理创新以及产品与服务的创新。企业家创新精神驱动型创新指的是创新精神是企业家的本质特征，企业家的核心职能是执行生产要素的"新组合"，企业家在创新精神驱动下不断开发新产品、引入新生产方式、开辟新市场、获取新原料和建立新结构组织等是创新的重要来源。技术驱动型创新指的是高校、科研机构的创新活动以及应用研究对整个社会创新发展的驱动，特别是产学研合作是生产要素重新整合的重要方式，是创新驱动发展战略的重要模式。政府驱动型创新指的是发挥政府的"有形之手"力量，通过政策引导和多种形式支持来激励创新主体和创新活动，推动整个社会的创新进程。

二、"后发优势"向"先发优势"转型的多个创新层次

一个后发国家要实现从"后发优势"向"先发优势"的"蛙跳"，创新驱动必然是全方位的、多层次的，不仅要积极推

动微观层面的企业创新，而且还要高度重视中观层面的产业创新，更要大力推进宏观层面的区域创新。

从企业创新看，关键是要鼓励支持企业真正成为技术创新主体，推动企业成为技术创新决策、研发投入、科研组织和成果转化应用的主体，使企业想创新、能创新、敢创新，不断提升自主创新能力和水平，最终实现发展方式的转型升级。

从产业创新看，关键是要抓住正在兴起的新工业革命机遇，实施以科技创新为先导的产业转型升级，依靠科技创新驱动需求结构、产业结构以及要素结构的转变，大力发展战略性新兴产业，加快推进传统产业的创新，构建以高端制造、创新驱动、品牌引领、低碳发展为特征的新型产业体系。

从区域创新看，关键是要加快构建具有中国特色的区域创新体系，以定位区域创新增长极为突破口，以建立跨区划、跨部门的区域创新协调机制为切入点，以建立共性技术研发和公共科技服务平台为抓手，以改革科技资源投入体制为保障，促进各种官产学研用的创新资源在区域空间内有效融合，推动区域创新体系从政策引导型向自主发展型转变。

三、"后发优势"向"先发优势"转型的多个创新构面

"后发优势"战略与"先发优势"战略背后拥有一套不同的认知、行为和制度假设，实现由"后发优势"向"先发优势"转型要求进行全面的思想创新、制度创新、技术创新和管理创新。

思想构面的创新意味着要树立科学的创新观，正确认识实施"创新"驱动型先发优势战略的必要性，培育时时处处的创新意识和创新理念。

制度构面的创新意味着要按照强制性制度变迁与诱导性制

度变迁相结合的要求，加快推进经济社会体制变革，建立形成制度性先发优势，特别是要推动创新的体制机制变革，重点建立以企业为主体和产学研相结合的创新组织管理体制，以市场主导和政府推动相结合的创新运行机制，以法律保障、投资支持、政策激励为核心的创新保障机制。

技术构面的创新意味着要主动迎接第六次科技革命的到来，掌握技术创新的基本规律，加强新兴前沿交叉科技领域的部署和攻关，打通科技和经济转移转化的通道，优先支持促进经济发展方式的转变，开辟新的经济增长点的科技领域，建立形成技术性先发优势。

管理构面的创新意味着要以提升管理科学化与艺术化水平为导向，推动传统管理模式向现代管理模式转变，实现战略管理、组织管理、运营管理、职能管理的全方位创新，持续适应组织内外部环境的变化。

四、"后发优势"向"先发优势"转型的多种创新方式

"后发优势"向"先发优势"转型意味着创新方式也将发生革命性变化，实施"创新"驱动型先发优势战略要求权变地采用更加多样化的、适用的创新方式。

从创新程度视角看，应综合应用消化吸收再创新、集成创新和原始创新三种自主创新方式，并把原始创新置于打造"先发优势"更加突出的位置。

从创新连续性视角看，应采取利用式创新与探索式创新相结合的双元创新战略，前者是对现有技能、技术及范例的改进及拓展，后者则是尝试新选择，但应该更加强调探索式创新对于构建"先发优势"的战略意义，或者说要综合运用渐进式创新与激进式创新两种模式，更加突出激进式创新在建立"先发

优势"中的地位。

从创新组织视角看，应适应新工业革命和新科技革命的需要，推动从封闭式创新模式向开放式创新模式转变，更加强调分散创新和组合创新，实现对创新资源的全方位配置，走出当前普遍存在的"创新困境"和"硅谷悖论"，打造形成"先发优势"。

从创新链视角看，应同时推动产业链、技术链的环节创新和全链条创新，特别是要着力推进关键环节的创新，并且更加强调链式创新在构建持久"先发优势"中的重要性。

五、"后发优势"向"先发优势"转型的多个创新要素

"学习模仿"驱动型"后发优势"战略与"创新"驱动型"先发优势"战略对于创新要素的类型、层次和质量要求存在显著差异，后者相对前者对创新资源、创新人才、创新平台、创新网络、创新环境提出了更高的要求。

创新资源，不仅要强调增加创新投入、加大创新投入强度，更要重视对创新资源的科学投向和合理配置，最大限度提高创新资源的创新效率和效果。

创新人才，不仅要通过引进、招聘、录用创新创业人才或团队，实现"为我所用"，更要多措并举培养具有创新精神的人才队伍，特别是培养高精尖技术人才和产业化人才，以"为我所有"和"为我所用"共同支撑持续"先发优势"的打造。

创新平台，不仅要通过搭建产业集群创新平台来实现创新要素的集成、协同和整合，促进创新成果外溢，更要通过构建各个创新主体共同参与的公共服务创新平台，为技术研究开发、技术转移、技术资源共享等提供技术性服务。

创新网络，不仅要建立各种紧密型或松散型的创新联盟，促进开放式创新的运用与成功可能性，更要探索打造形成各个

层次的创新生态系统，实现创新的系统性突破和良性自组织循环。

创新环境，不仅要重视创新基础设施等硬件环境的建设，更要强调对适宜创新的制度环境的构建，同时还要积极培育全民创新文化，营造鼓励创新、宽容失败的社会氛围。

关于落实国务院支持原中央苏区振兴发展的意见，进一步提升龙岩原中央苏区自身发展能力的建议

中国社会科学院工业经济研究所课题组[①]

党中央、国务院十分关心支持原中央苏区的建设发展，2012 年印发了《国务院关于支持赣南等原中央苏区振兴发展的若干意见》（以下简称《意见》），2014 年国务院又再次转发了由国家发改委制定的《赣闽粤原中央苏区振兴发展规划》（以下简称《规划》）。为了解原中央苏区自身发展能力的现状、中央支持原中央苏区发展所取得的成绩，研究原中央苏区发展过程面临的一些普遍性问题，中国社会科学院工业经济所调研组于 2014 年 8 月专程到龙岩原中央苏区进行了调研。调研组通过调研发现，在中央和地方的大力支持下，近年来龙岩的经济社会发展取得了很大成绩，但仍然面临着如何充分发挥优势、提升自我能力问题，承接产业转移的困难仍然不小，实现科学发展

[①] 课题组成员：史丹、黄速建、张其仔、白玫、李鹏飞。

的任务还很繁重。龙岩发展所面临的问题，在原中央苏区有一定的共性，解决好龙岩所面临的问题，对于进一步落实《意见》和《规划》，提升原中央苏区自身发展能力有一定普遍意义。

一、中央支持革命老区的政策出台和逐步落实，使龙岩地区的经济社会发展呈现出新的面貌，产业发展已经有了一定基础

龙岩是革命老区，原中央苏区的重要组成部分，毛泽东同志在这里写下了《古田会议决议》、《星星之火，可以燎原》等光辉著作。龙岩为新中国的成立做出了巨大贡献，有革命基点村610个，在册革命烈士2.4万多名。长期以来，中央和地方对龙岩地区的发展十分重视，在党中央、国务院的关心和支持下，龙岩的经济社会发展也取得了长足进步。

（一）经济总量与效益有了一定提升

2013年，龙岩全市实现地区生产总值1500亿元，增长11.3%，经济总量稳居福建省设区市第5位；公共财政总收入249.1亿元，财政收入居福建省第4位；规模以上工业增加值488亿元，增长14.4%；规模以上工业经济效益综合指数314，居福建省首位。

（二）产业发展形成了一定基础

近年来，龙岩培育壮大了节能环保装备、工程机械及运输机械装备、矿产资源综合开发三大高新技术产业集群，崛起了以中国龙工、龙净环保、紫金矿业、新龙马汽车、福龙马环卫装备、金龙稀土等一批在国内同行业中有一定影响力的龙头骨干企业，经济良性发展有一定产业支撑。

（三）基础设施建设取得了很大成绩

各级政府和部门积极落实《意见》中关于"进一步加大对

公路、铁路、水路、民航、水利等建设项目的投入力度；完成赣（州）龙（岩）铁路扩能，推进国家高速公路拥挤路段扩容改造"的部署，到 2014 年 8 月，龙岩建成漳龙、龙长、长深（永武段）、莆永、厦蓉等高速公路，全面融入福建省"三纵八横"高速公路网；建成通车了赣龙铁路复线、漳泉肖铁路，形成北出向莆、东贯厦漳泉、西联大京九的快速铁路网，交通基础设施日趋完善。

二、自我良性发展的能力仍然不足

《意见》和《规划》都提出，要通过"提升发展优势矿业"、"加快制造业升级"，来进一步提升原中央苏区的工业化水平，为其到 2020 年实现跨越式发展提供坚实的产业支撑。尽管龙岩这几年的发展取得了很大成绩，但调研中发现，要实现《规划》中提出的目标，龙岩还存在一些需要加以克服的困难，产业的自我良性发展能力的提升仍然面临一定制约。

一是部分传统优势企业的发展面临严峻挑战。龙岩长期以来致力于发展的部分资源型产业，如煤炭、水泥等，曾一度推动了当地经济的繁荣与发展，但由于资源枯竭、环境污染等原因，依赖这类传统资源发展的企业，发展后继乏力，亟须转型升级。

二是部分矿业优势没有转化为产业优势和财力优势，制约民生工程建设和基础设施完善。尽管龙岩的矿产资源优势明显，但由于制造业发展水平不高，铜材、稀土永磁材料和稀土新材料等高品质产品无法就地消纳，铜、稀土等新兴资源型产业发展也只是停留在资源加工阶段。在没有形成从优势矿产资源加工到高附加值制成品产业链的条件下，目前龙岩矿产资源加工过程中形成的税收很大部分都上交给了中央和省一级，留在本

163

地的税收是很少一部分。目前，矿业尽管是龙岩的优势产业，但龙岩的财力并没有随着这一优势产业的发展而同步增强。地方税收增长乏力，已经成为龙岩市改善民生、进一步完善基础设施面临的最大障碍。

三是优势矿业与主导性制造业的联系不紧密，产业升级后劲不足。根据产业发展的一般规律，龙岩应该最大限度地利用资源优势，在铜、稀土等优势矿产资源的下游发展出几个制造业集群，以延伸产业链、编织产业网，最终形成资源开发与产业发展良性互动的增长生态圈。但是，目前在龙岩市制造业中占主导地位的节能环保装备制造业、工程机械及运输机械装备制造业，对铜材、稀土永磁材料和稀土新材料的需求极为有限，主导性制造业与优势矿业之间的联系很少。龙岩市优势矿业与主导性制造业相互割裂的局面，使龙岩难以仅通过现有的产业基础实现向下游延伸，也导致后者在市场竞争中不能充分利用当地独特的资源优势这样一个有力的"武器"。

四是发展与优势矿业紧密相关的、科技含量高、辐射带动力强、市场前景广阔的制造业缺乏有效的项目载体，面临高端人力资源支撑不足的制约，招商引资困难。从铜材消费的行业分布看，输变电设备制造业是与铜冶炼行业联系最紧密的产业。目前，我国电线电缆和变压器等输变电设备制造业消耗的铜材占铜消费总量的比重超过40%。而且，随着我国输变电技术的不断创新，输变电设备制造业还需要用到一些稀土新材料。从这些方面看，发展输变电设备制造业是龙岩实现优势矿业和制造业深度融合的有效途径。但是受产业基础薄弱、区位优势有限等因素的影响，当前仅靠龙岩自身的力量和优势去吸引输变电设备制造业大项目落户，的确是困难重重。即便能落下来，也会受到高端人才不足的制约。

三、政策建议

调研组通过调研发现，支持原中央苏区的发展，要把当地的资源优势进一步转化成经济优势，实现经济发展的良性循环，当前要着重解决好"扶得准、引得进、发展得起来"的问题。

一是要解决好"扶得准"的问题。国家要将中央苏区的产业发展，摆在全国整体产业布局中加以谋划，避免要扶持的产业过多、力量分散、重点不突出的问题，通过支持少数几个特定产业集群发展的方式，提高扶持政策的针对性、精准性、有效性。针对龙岩地区的资源优势，国家发改委、科技部、工信部、国家电网等部门可考虑联合出台政策，重点选择支持龙岩建设输变电装备产业集群，在龙岩高新区建设输变电装备产业园，这不仅可以提升龙岩老区、原中央苏区的自身持续发展能力，对于优化我国输变电产业布局，推动智能电网健康快速发展也具有意义。

二是要解决好"引得进"的问题。尽管中央在交通基础设施上对原中央苏区有很多投资，但赣闽粤原中央苏区发展经济的区位优势不明显的现状仍一时难以得到根本性改变，龙岩同样如此，造成招商引资困难比较大。针对这一情况，可考虑充分发挥特大型中央企业的引领作用，促成特大型中央企业和中央苏区建立帮扶对子。国家有关部门也可参照中央国家机关对口支援赣州18个县（市、区）的做法，把龙岩市作为新的对口支援工作点，协调电网经营企业等中央企业对龙岩建设输变电产业集群开展帮扶活动，为实现原中央苏区全面振兴和跨越式发展注入高能动力。

三是要解决好"发展得起来"的问题。企业进来了，要不断发展壮大，还要解决好留得住劳动者队伍问题，解决支撑产业发展的人才和技术支撑基础问题。为了留得住劳动者队伍，国家应大力支持原中央老区公共服务体系建设，加大与民生相关的民生建设工程的建设力度。为了解决人才和技术支撑问题，国家应鼓励和引导与当地产业发展关联性强、可以精准地为当地提供技术、人才支撑的大学或专业研究机构落户老区，开展技术服务，把老区建成促进大学或科研机构实现成果转化的重要基地。建议协调科研机构、大专院校、行业协会等单位加大对龙岩输变电设备产业的对口智力支持，对龙岩输变电设备产业进行技术帮扶，鼓励相关成果优先在龙岩转化落地。

当前化解过剩产能工作中的突出问题与对策

黄健柏　　江飞涛

近年来，化解过剩产能和淘汰落后产能工作取得积极进展，但仍存在一些问题，尤其以部分政策执行中"杀伤面"过大、在关键领域和薄弱环节仍缺乏突破性进展最为突出。应该看到，一是现阶段产能过剩是制度性因素、增长阶段转换与经济周期性波动共同作用的结果，周期性过剩、结构性过剩与一定程度的总量绝对过剩交织在一起，情况非常复杂；二是从源头上根治产能过剩还有待于资源配置方式改革取得突破性进展；三是近年来产能过剩行业企业的装备水平都有了很大的提高，强制关停落后产能的作用空间越来越小。因此，应充分认识到彻底治理产能过剩任务的长期性、艰巨性，不能急于求成。此外，还应看到，目前我国仍处于工业化的中后期，未来新型城镇化的加速、中西部地区工业化与城市化进程的深化，市场需求仍将有一定的增长空间。这就需要抓住化解产能过剩工作中面临的突出问题与关键环节，处理好长期和当前的关系，精准发力，既有效化解过剩产能，又有利于产业结构的调整与转型，同时保证当前宏观经济运行健康平稳。

一、当前化解产能过剩工作中面临的突出问题

目前，在化解产能过剩工作中所面临的突出问题有以下几点：

一是"淘汰一批"政策在实施中存在范围过大、发力过猛的倾向。当前，"消化一批"、"调整一批"、"转移一批"进展缓慢，化解产能过剩过度依赖"淘汰一批"，强制关停政策力度不断加大。具体实施过程中，强制关停的产能中越来越多已不属于落后产能的范围；部分地区还存在强制压缩产能力度过猛，并进而导致一些较为严峻的经济增长失速与失业问题。例如，2013 年底以来，河北省在强大的政策压力下，大大加强了关停工作的力度，受此影响，2014 年上半年 GDP 增速仅为 5.8%，并带来较为严重的失业问题，仅河北省武安市（县级市）由此直接、间接导致的失业人员就有 2 万余人。此外，当前部分技术水平的过剩产能仍具有较高的经济价值，还能为社会财富的生产与积累做出重要贡献，不宜简单地一关了之。

二是"有保有控"的金融政策事实上演变成行业信贷紧缩政策。《国务院关于化解严重产能过剩矛盾的指导意见》与《国务院办公厅关于金融支持经济结构调整与转型升级的指导意见》均指出应对产能过剩行业要区分不同情况，实施"有保有控"的金融政策。然而在实际执行时，多数商业银行与政策性银行对于产能过剩行业企业（尤其是民营企业与中小企业）采取"一刀切"式的收紧信贷政策，持续减少甚至提前收回已发贷款。不少经营财务状况尚好的企业被"误伤"，并因此资金链紧张，融资成本大幅提高，正常的生产经营活动受到很大影响，

并给这些企业的技术改造与升级带来很大困难。

三是"优不胜"、"劣不汰"，使产能过剩行业面临日趋严峻的困境。由于仍有部分地方政府采用财政补贴、提供廉价能源资源、放松环境监管等手段保护本地落后企业，导致低效率企业难以被逐出市场；不仅如此，这些低效率企业却利用所获得的成本优势进行恶性竞争，使行业陷入日趋严峻的困局，尤其是在钢铁、电解铝等行业，金融风险正在不断积累放大。如电解铝行业，电价政策的区域不平衡（河南地区自备电厂并网费每度电 8 分钱，而山东不交或者仅仅交 1～3 分钱的并网费）加剧了这种不公平竞争，中东部地区具有较高技术水平和管理水平的电解铝企业不甘心这种不公平的电价政策，不愿意退出市场，试图寻求同等优惠的电价政策，这就使整个行业长期陷入全行业亏损的困局。此外，破产法及破产程序的不完善，也是导致低效率企业难以顺利退出的重要原因。

四是援助退出机制亟待加强。目前对企业产能退出的援助机制仍不健全，对关停企业的职工养老、医疗、失业保险、就业培训、债务化解等工作缺乏足够的政策支持，容易引发社会问题。特别是对于产能过剩行业比较集中的地区，新一轮压缩产能会带来较为严重的失业问题，并对其财政收入产生严重影响，需要制订更加系统和精确的可操作性方案。

五是"整合一批"面临诸多困难。在一些地方政府保护下，部分低效率企业兼并重组意愿不强；近年来产能过剩行业企业盈利水平普遍下降，资金压力已成为制约企业兼并重组的重要原因；兼并重组过程的手续烦琐，过程漫长；现有政策使跨区域、跨行业、跨所有制的重组依然困难重重，金融资本参与兼并重组面临诸多限制；许多低效率企业财务不透明，地方政府干预兼并重组，增加了企业兼并重组的风险。

二、 政策与建议

（一）控制好强制压缩产能的力度与节奏，协调好化解产能过剩与稳增长、稳就业的关系

强制关闭产能过剩政策应该集中在强制淘汰高能耗、严重污染环境的落后产能方面，不宜将强制关停的范围扩得太宽。在产能过剩行业集中的地区，实施强制压缩产能应精心规划，不宜过快、过猛，应该为替代产业的发展留有时间，避免经济增长失速以及失业问题的集中爆发。对于严重的雾霾问题，应更注重通过全面加强企业污染物排放的监测，大大提高污染物超额排放的惩处力度并严格环境执法，逐步提高高能耗、高污染行业的排放标准，加快推出环境税并逐步提高环境税的增收标准，不能过于依赖强制关停手段。

（二）切实落实"有保有压"的金融政策，提高政策精准度

针对许多商业银行采取"一刀切"的方式紧缩产能过剩行业信贷，人民银行应牵头会同主要商业银行，做好产能过剩行业及行业内企业信贷规模、结构与风险摸底工作。以此为基础，在严控新增产能投资贷款的同时，在风险可控和商业可持续的原则上，适度增加产能过剩行业的贷款额度，支持有市场、有技术、节能环保合规的企业在技术改造、产品结构调整以及流动性等方面的资金需求，适度降低其融资成本，为行业内企业的正常经营和转型发展提供必要条件。

（三）微刺激政策适度拉动需求，消化部分过剩产能

政策着力点放在加大小城镇和农村基础设施建设及民生工程投入力度；加快城镇一体化建设与推动公共服务的均等化；支持企业技术改造、节能降耗、绿色生产的投资等方面。切实

放开民营资本投资领域，降低中小企业投资门槛。此外，加强建筑工程领域的质量监管，严格规范建筑工程领域的安全设计，也能有力提高钢材、水泥等产品的市场需求。

（四）加快建立公平竞争的市场环境

重点推进不同所有制、不同所在地企业在税收负担、劳动者权益保护、环境成本承担等方面的均等化，严格规范地方政府对本地企业提供财政补贴、廉价资源能源等行为，以公平竞争加快低效率的企业的退出。对于电解铝行业而言，当务之急是统一自备电厂的并网收费标准。还应完善破产制度，疏通退出渠道。重点强化破产程序的司法属性，避免地方政府对企业破产程序的直接介入；加快培育破产管理人队伍，完善破产管理人相关规定；强化出资人的破产清算责任。

（五）切实为兼并重组创造良好的外部环境

一是对兼并重组其他企业可以给予扩大税收抵扣或税收减免的措施，特别是对于兼并重组过程中涉及的土地增值税，应缓征、减征或免征。二是切实落实促进兼并重组的金融政策，引导金融企业加强对兼并重组的融资支持。三是规范区域之间横向税收分配，降低地方政府由于担心企业被兼并导致税源流失而产生的阻力。四是适当放松管制，鼓励金融资本多渠道参与产能过剩行业的兼并重组。

（六）加快建立援助退出与辅助调整升级机制

在援助退出方面，重点做好产能过剩调整中的失业人员的社会保障工作，并对失业人员再就业提供培训、信息服务甚至必要的资助。对于产能过剩行业集中的地区，中央政府还应给予一定财政支持，对于落后地区还可以提供特别的税收优惠政策，支持这些地区发展经济。在辅助升级方面，积极支持产能过剩行业企业对职员进行职业培训提高劳动者技能，并支持企业组成联合技术创新与管理创新联盟，对于企业联盟在新产品开发、关键共性技术的突破、工艺流程与管理流程的改造与创新等方面的活动，予以资金支持以及税收优惠政策。

我国石油产业体制的问题与改革建议

史丹　朱彤　白玫　王蕾

一、我国石油产业体制的问题

1998 年以来，我国石油产业体制改革在原油和成品油价格形成机制等方面取得了较大进展，但在资源开采、进口、批发等方面存在着严重的行政性垄断和市场准入障碍，妨碍了公平竞争，影响了石油市场配置效率。

（一）石油产业链各环节仍然存在明显的行政性垄断

1998 年以来，国务院或石油主管部门发布的政策性文件均明确了三大石油集团对石油生产、绝大多数原油进口、大部分石油炼化、一半以上的成品油零售的控制。总体而言，我国石化行业垄断程度较高，上游资源端垄断程度最高。以下几个环节存在明显的行政性垄断。

（1）石油上游勘探开发环节。我国 1998 年国务院以第 240号、第 241 号、第 242 号文发布了《矿产资源勘查区块登记管

173

理办法》、《矿产资源开采登记管理办法》和《探矿权采矿权转让管理办法》三个行政法规并明确规定，石油天然气许可证实行行政审批制度。自上述行政法规颁布实施以来，我国仅有中国石油、中国石化、中国海油获得油气资源勘探开发许可，陕西延长石油公司获得陕西特定区域勘探开发油气资源行政许可。

（2）国内成品油流通环节。1998年《关于清理整顿小炼油厂和规范原油成品油流通秩序的意见》（第38号文），明确赋予两大石油公司批发、零售的垄断控制权，规定成品油必须集中批发。除了中国石油、中国石化两大集团外，其他企业、单位不得批发经营，各炼油厂一律不得自销。38号文之后，形成了带有浓厚行政垄断特色的石油流通体制格局。

（3）在"入世"承诺对外放开原油、成品油批发经营权的背景下，商务部出台《成品油市场管理办法》（商务部令2006年第23号文）放松了成品油批发管制，国务院《关于鼓励支持和引导个体私营等非公有制经济发展的若干意见》（2005年2月）明确鼓励非公经济进入成品油批发领域，但是短期内垄断格局难以被打破。虽然成品油批发名义上取消了中石油和中石化垄断专营政策，外资企业和民营企业符合申请资格，可以获得成品油批发零售权，部分油品不需要再经过中石油和中石化两大集团的批发环节，将直接由国家调拨给民营成品油批发企业，但是成品油批发资格申请条件，对于绝大多数民营企业无法满足。

（4）原油进口环节。尽管我国原油进口权有所松动，但是原油进口权仍然集中在中石油和中石化手中，进口原油的使用仍然需要由中石油和中石化进行排产，中石油、中石化凭借着原油进口配额制垄断了进口原油的供应。

我国是世界第二大炼油国，但我国现行石油进出口体制与我国石油工业的发展已不相适应。主要表现为：一是不能满足炼油工业的需要。我国原油加工能力发生了巨大变化，从2001年的2.81亿吨/年增加到2012年的6.66亿吨/年。尽管我国原油进口在2012年已接近3亿吨，但现有进口能力仍然不能满足我国原油加工产业发展的需求，许多炼油企业只能依靠进口燃料油维持生产。二是目前原油进口体制的制约，海外权益油难以运回国内。我国"走出去"战略取得了显著成就，除三大石油公司外，中化、振化石油、延长石油、中信和广汇等企业都在海外获得了一定数量的权益油。不过，这些权益油很难运回中国。

（二）政府仍然干预成品油定价，价格不能反映市场信息

虽然目前国内成品油价格与国际原油价格走势高度相关，但并不是由国内供求关系决定。与国际市场价格在价格水平上的接轨不能反映国内石油市场的真实信息。

第一，从石油定价主体来看，我国的原油、成品油价格仍然属于政府定价或者政府指导价，在明确原油产品和成品油与国际接轨的政策后，其价格调整的时间和幅度也是由政府主导。以上海燃料油期货价格为例，由于受到国家政策和国内供求的影响，价格会出现与国际油价相背离的走势，其市场化程度还有所欠缺。

第二，从与国际价格接轨的方式角度看，目前，石油价格与国际市场接轨只是两个市场价格水平的接轨，虽然可以减少两个市场的价差，但是却忽视了我国国内市场真实的供求状况等基本经济信息，并且增加了国际市场价格波动对我国经济增长带来的冲击。

第三，从定价机制的实施来看，我国的石油生产企业是上下游一体化的垄断企业，在政府难以全面了解其内部成本和利润等信息的条件下，现有接轨方式可能会扩大生产者剩余，危害消费者的利益。当国际原油价格高涨时，企业存在夸大成品油成本上升的信息的动力，以争取价格和财政上的补贴；而国际原油价格低迷时，企业存在夸大原油贸易亏损的动力。成品油价格构成中，包括原油、物流、炼化的税赋和生产成本等，价格机制并不清晰。如果不了解成本、利润的真实信息，单纯地与国际市场接轨不会鼓励国内生产企业生产效率提高。

（三）政府监管能源和效率低下

第一，政府对勘探开采退出执行过程中缺乏监督。石油资源矿业权退出机制，是以最低勘探投入为约束的。《矿产资源勘查区块登记管理办法》规定探矿权人取得探矿权许可证之后须在规定的时间内完成最低勘查投入，违反规定的，根据具体情形给予相应的行政处罚和经济处罚，情况特别严重的吊销勘查许可证。这一机制，在实际执行过程中缺乏监督，形同虚设。

第二，资源获取成本制定不合理，缺乏有效监督。如探矿权和采矿权许可证的发放由政府管制，缺乏竞争机制，并且探矿权和采矿权费用标准过低，从而导致石油资源"圈而不探"、"占而不采"，石油资源配置效率低下。按照《矿产资源勘查区块登记管理办法》规定，探矿权使用费缴费标准为每平方公里100元/年~500元/年，采矿权使用费缴费标准为每平方公里2000元/年~10000元/年。根据中石油年报数据，2013年勘探与生产板块实现营业额人民币7837亿元，利润1897亿元、除税生产成本5539亿元；勘探权登记面积160万平方公里，开采登记面积10.56万平方公里，勘探权使用费与开采矿权使用费之和不超过18.56亿元，是利润的0.9%、除税生产成本的0.3%。

（四）石油体制改革推进缓慢，产业链各环节改革步伐不一致

从目前来看，新一轮石油体制改革中的"中石化油品销售的混合所有制改革，中石油油气运输管线体制改革"，均属于石油领域的中下游领域改革，并未涉及上游石油资源，而改革终究是要触碰到原油进口权、上游油气资源的放开等最深层次的内容。

第一，与国际主要石油消费国相比，石油价格改革进程明显落后。美国早在1981年就基本实现成品油价格市场化，日本和韩国的成品油价格市场化也在2001年前后完成。美国成品油价格由市场形成，价格包括原油成本、加工成本、运输费用和联邦税州税四个部分，其中，前两项的比重较大，各部分的比重随着石油价格的变动而变动。

第二，改革步伐不一致，扭曲了产业链利益分配。国际主要大石油公司的盈利结构大体保持在上游勘探开发占70%、下游炼油销售占20%、化工和其他占10%的水平。但是，由于上下游各环节的垄断或开放或政府干预程度不同，受经济增长和市场需求的影响程度不同，参与价值分配的主体及其索取程度不同等多种因素影响，使石油价值在各环节的分布并不均衡，突出表现为上游高盈利，下游低盈利甚至亏损；上下游盈利占比呈现大幅度不规则波动。观察近些年上游优势突出的中石油的盈利结构中，勘探与生产一直处于盈利状态，并占有85%以上的比例，在85%～150%范围波动；下游炼油销售占10%以下，在−52%～9%之间波动。这主要是因为石油央企在上游领域具有垄断控制力，下游成品油价格没有完全放开的制度环境下，利用政策进一步将下游利润转移到上游的结果。

二、近期改革建议

我国石油产业体制在资源开采、进口、批发等方面存在的上述问题，不仅影响了市场的配置效率，也不利于改善我国石油供应安全，必须通过全面深化石油产业体制改革来加以解决。

（一）改革原油进口贸易政策

现有的原油进口贸易政策下，国内石化企业无法获得原油的关键是因为有"非国营贸易进口的原油必须交给两大石油巨头加工"的规定。因此，原油进口贸易政策改革，首先，要取消这一政策规定，允许进口原油在国内自由贸易。其次，要尽早取消原油进口配额。原油进口配额的存在没有任何经济学上的理论依据，限制原油进口数量和渠道，只能起到维持国内石油垄断企业的原油"高价"，提高我国经济发展的能源成本，应尽快取消。最后，允许四大国有石油公司以外的石化企业（包括民营企业）进口原油，使石化企业能够根据企业和市场情况优化原料结构和技术路线。

（二）取消成品油批发垄断政策

目前，我国成品油批发经营权事实上集中在中石油和中石化两大集团手中。两大集团通过成品油批发经营权基本控制了石油石化产业链上的大多数地方和民营上下游企业。一方面，两大集团直营和控股的加油站与非集团加油站形成不公平竞争关系，一旦油品供应紧张，非集团加油站根本无法获得成品油；另一方面，两大集团利用进口原油集中配置权——两大集团之外的炼油厂所需要原油由两大集团计划配置，进口原油必须由两大集团炼油厂炼制——使其他炼油厂不敢把自己炼制的成品油卖给非集团批发企业。在改革原油进口贸易政策基础上，取消两大集团的成品油批发垄断权可以产生多方面的积极效应：通过炼油环节市场竞争推动炼油企业效率提高和产品升级；能够自由采购原油的石化企业可以进一步优化其原料路线和产品的技术路线；地方炼油厂可以不再进口燃料油炼制成品油而摘掉"高耗能"的帽子；原油和成品油进口竞争的增加有利于提高竞争效率；等等。

（三）改革油气区块登记制度，切实推动油气市场竞争

要构造有效竞争的油气市场，必须打破垄断，全面开放市场。而全面开放市场，要改革当前的油气区块登记制度。在目前的油气资源区块登记制度下，在位企业只要花很少的钱就可以圈占大量资源区块，"圈而不勘"问题突出。而且新进入者所能获得的区块非常有限。不解决这一问题，通过竞争激励油气（包括页岩气）开采技术创新，降低开采成本，提高开采效率的效果就会大打折扣。改革区块登记制度的核心是通过竞争获得资源区块勘探权，严格现有探矿权延期条件，对超过一定时限不做实质性勘探的区块应予收回重新招标，杜绝"圈而不堪"现象。

（四）加快推进成品油价格市场化改革

石油价格市场化的前提是破除垄断。我国成品油价格机制改革，首先，应按照与国际市场接轨的原则和方向，建立既反映国际市场石油价格变化，又考虑国内市场供求、生产成本和社会各方面承受能力等因素的石油价格形成机制。其次，要建立石油企业内部上下游合理的利益调节机制、相关行业的价格联动机制、对农业等部分弱势群体和公益性行业适当补助的机制以及石油企业因油价上涨带来超额收益的财政调节机制。

目前，我国成品油价格不能市场化的根本原因在于没有形

成开放的石油市场体系，没有足够的市场参与者。在这种状况下，国家控制价格也许是目前最好的选择。只有解决了市场主体多元化的问题，在竞争机制下，合理的价格机制才能自然形成。因此，我国石油价格市场化要随着石油市场的开放、石油价格监管体系的相对完善来逐步推进。届时，政府的价格管理职能才能由直接制定价格向协调、监督的职能转变，才能灵活地利用税收、利率、储备等经济手段间接调控市场价格，并影响石油企业的定价政策。

（五）推动石油政策和石油监管立法，规范行政部门的政策和监管职责与行为

目前，我国与石油直接相关的法律仅有《矿产资源法》和《石油天然气管道保护法》，石油资源开发与环境保护，利益分配以及石油安全政策等方面的法律基本处于空白。在实践中，上述领域政策的制定或行为的规范基本是通过部门规章（大多以通知形式存在）来处理，短期、多变特点突出，不利于石油行业的长期、稳定、有序发展。

加快推动石油政策和石油监管方面的立法，对于规范行政部门的政策制定、监管职责与行为有着非常重要的意义。健全的法律框架是实施有效监管的依据，确保监管的独立、透明和公平的基础。而且，切实保障投资者的利益法律环境是外部资本，特别是民间资本愿意投资于石油产业的前提。这比制定"非公经济发展××条"要有效得多。制定石油产业相关法律，可以参照世界上大多数国家的标准做法，制定包括总法律、配套法规、样本合同和一系列财税条件在内的石油法规组合。

全球能源治理的三个变化与我国应对思路

朱　彤

　　目前，全球能源治理架构的基本格局是：首先是以美国和欧洲为主导的能源消费国家利用国际能源机构（IEA）发挥影响，通过推动金融衍生品市场发展掌握了全球能源定价权，同时也积极利用 20 国集团（G20）/八国集团（G8）、世界贸易组织以及全球能源宪章（ECT）、国际能源论坛（IEF）、政府间气候变化专门委员会（IPCC）等机制发出声音，主导全球能源治理架构的走向。其次是主要石油生产国通过石油输出国组织（OPEC）实现其维护产油国利益的政策诉求。俄罗斯作为全球重要的油气生产大国，2009 年开始也试图通过天然气输出国组织（GECF）增强其影响力。中国、印度等新兴的能源需求大国则长期游离于有影响力的国际能源组织之外（既不是能源需求国组织的成员国，也不是能源生产国组织的成员国），维护自己利益主要采取与相关能源出口国进行双边谈判的方式，同时也通过各种能源协调机制发布自己的声音。

181

一、全球能源治理的三个变化

近年来，页岩油气革命和世界经济的缓慢复苏使全球能源格局开始出现一些新变化。这些新变化导致相关国家在国际能源问题上价值取向和行为方式有所改变，从而影响和推动着发达石油消费国和石油生产国之间以博弈为核心的全球能源治理架构未来变化。我们认为，在种种变化之中，有三个变化值得格外关注。

（一）未来全球能源治理主流价值目标可能从能源安全让位于气候变化

自 1960 年主要石油生产国成立 OPEC，1974 年经济合作与发展组织（OECD）国家成立国际能源署（IEA）以后，全球能源治理基本围绕发达石油消费国和石油生产国之间的博弈展开。从 1974 年 IEA 成立到 20 世纪末，OECD 国家石油消费占全球的份额一直保持在 6 成以上，是世界最重要的石油消费集团。而 OPEC 成员国石油产量占全球份额，除了 20 世纪 80 年代持续 8 年的两伊战争和 1990 年的第一次海湾战争期间外，基本都保持在 40% 以上，是世界最重要的石油生产集团。这两大集团作为供需双方，虽然不时互有争斗，但却难以分割，且有共同的追求目标：能源安全。对石油消费国来说是"进口安全"，对生产国来说是"出口安全"。石油生产和供应的中断对供需双方都会带来严重不利的后果。因此，"能源安全"就顺理成章地成为全球能源治理的主流价值目标。

然而，进入 21 世纪以来，始于 1995 年的国际气候谈判影响日增。目前已经有 90% 的联合国成员国和 3000 多家国际组织参与到国际气候谈判之中。虽然发达国家与发展中国家，大国与小国之间由于立场差异巨大，自《京都议定书》之后的多次谈判均未达成任何具有可操作性的协议，但这并不妨碍气候变化问题越来越成为全球能源治理中最为关注的焦点。

欧盟是国际气候谈判的最初发动者和全球减排最主要的推动力量。欧盟这么做，不是因为它"道德高尚"，根本原因是其20世纪90年代中后期以来能源需求增长放缓甚至下降，大大降低其对能源安全的焦虑。根据英国石油公司（BP）的数据，欧盟在1996~2012年天然气消费年均增长率仅为0.5%；石油消费已经进入绝对量下降阶段，年均减少0.8%。特别是2000年以来，其石油消费年均减少1.1%。在这种情况下，欧盟以气候变化（环境问题）作为其参与全球能源治理的价值诉求，可以获得"一箭双雕"的效果：一方面，欧盟在全球能源治理架构中获得道德优势，从而主导全球能源治理架构的未来走向；另一方面，还可以使本国选民同意增加对可再生能源补贴，提高可再生能源比重，降低化石能源比重，最终增强欧盟的能源安全。从进入21世纪以来全球能源治理的走向看，欧盟的这一策略是成功的。2008年国际金融危机后，欧盟因内部经济问题推动温室气体减排的步伐虽有所放慢，但方向未变。

美国自奥巴马政府上台后，在国际气候谈判中的消极立场有所改变，但其在落实减排承诺方面进展不大。值得注意的是，近期美国政府开始在化石燃料电厂的二氧化碳排放标准方面制定了更为激进的政策。2013年9月20日，美国环保署公布了未来新建发电厂碳排放标准的最新提案。新标准要求任何在美国境内新建的煤炭发电厂，必须满足每兆瓦时发电量的二氧化碳排放量不高于1100磅（1磅约合0.454千克）。根据该提案，如果新建燃煤电厂未配备碳捕捉和封存（CCS）设备，将被禁止建设。然而，这一政策本质上具有一定的"作秀"成分。因为美国页岩气革命后，天然气的低价格使天然气发电快速替代煤电。限制煤电既占据了减排上的"道德高位"，同时对国内产业也没有实质影响。

美国立场转变的背景同样来自美国能源供需格局重大变化。一方面，页岩油气革命使美国油气产量自 2008 年明显出现增长拐点：2008~2013 年间，美国石油和天然气产量 5 年分别增长了 47.6% 和 20.5%，年均增长速度分别为 8.1% 和 3.8%；另一方面，美国石油消费在 2005 年达到半个世纪以来的新高后开始进入呈现明显下降趋势，2008 年国际金融危机加速了这一趋势。2008~2013 年 5 年间，美国石油年消费绝对量下降了 5.1%，年均递减 1%。石油消费和产量的此消彼长，导致同期美国石油净进口大幅减少，5 年间年净进口量下降了 33%。预计到 2016 年以北美范围内安全可获得的石油净进口量计算[①]，美国进口依存度将下降到 20% 左右。如果考虑到天然气对石油的部分替代［如发电、液化天然气（LNG）汽车等］，石油对外依存度还有进一步下降的可能。

美国能源安全状况的大幅度好转为美国的全球战略和参与全球能源治理提供了更大的空间，与欧盟争夺在气候变化问题上的领导权，重新占领道德制高点成为其合理的选择。因此，在全球能源治理架构的美国和欧盟两大主导力量共同推动下，气候变化很有可能完全取代能源安全成为未来全球能源治理的主流价值目标。

（二）气候变化治理原则未来可能危及世界贸易组织体制下的自由贸易原则

欧美发达国家主导的全球能源治理价值观未来从能源安全

---

① 由于地缘和传统的政治关系，可以把加拿大和墨西哥能够出口的石油视为美国安全可获得的石油。

转向气候变化很可能危及目前世界贸易组织的自由贸易原则，从而严重影响中国的贸易利益。

在多轮气候变化谈判中的表现可以清楚看到，欧盟和美国很希望中国对全球减排做出"巨大贡献"，但根本不考虑中国经济发展的承受能力。为了最终实现其目标，欧美甚至不惜破坏世界贸易组织的自由贸易原则。这一点在 2009 年 12 月召开的哥本哈根谈判前已初现端倪。

2009 年 6 月，美国众议院以微弱优势通过了美国历史上第一个限制温室气体排放的"气候法案"——《美国清洁能源与安全法》。该法案授权美国总统从 2020 年起针对一些快速发展却没有足够能力减少自身温室气体排放的国家，采取"边境调节"措施课征惩罚性的"碳关税"。在 2009 年底的哥本哈根谈判中，因为分歧巨大，欧盟和美国表示要采取单边主义贸易措施对发展中国家的产品进口实施限制。2011 年 12 月，欧盟最高法院规定自 2012 年起对外国航空公司征收碳排放关税。所有外国航空公司的定额为 2010 年碳排放量的 85%，超出部分将征收碳排放关税。由于受到欧盟以外的主要大国，包括美国、中国、俄罗斯等国的反对，欧洲议会环境委员会投票决定暂停向外国航空公司征收碳排放税。不过，根据媒体报道，欧盟最近再次决定，2014 年 3 月起向外国航空征收航空碳税。

短期内，美国不会对其进口产品征收"碳关税"，因为在目前中美贸易格局中，征收碳关税损害的是双边利益。而且美国法律也规定从"2020 年才开始启动这一条款"。然而，随着美国主导的跨太平洋战略经济伙伴关系协定（TPP）自由贸易谈判的推进，以及东南亚等国对中国替代产品的兴起，对美国来说，运用"对中国进口产品征收碳关税"这一根大棒在国际谈判中对中国施压的效果将越来越明显，而且其对中国产品征收碳关税"利大于弊"的时点一定会到来。

（三）IEA 试图继续主导未来全球能源治理体系

在各类国际能源机构和能源协调机制中，国际能源署（IEA）和石油输出国组织（OPEC）的执行力最强，从而影响也最大。因为这两个机构的成员价值目标取向一致，成员国愿意为实现共同的价值目标采取一致行动，这是 IEA 和 OPEC 具有行动力和影响力的关键和前提。其他的机构或机制，与 G20/G8、ECT、IEF 等，由于缺乏这两个关键前提，其权威性、代表性都高于 IEA 和 OPEC，但行动力和影响力却相去甚远。由欧盟发起和主导的《联合国气候变化框架公约》（UNFCCC），虽然表面上获得了几乎所有国家的支持且影响力很大，但由于发达国家和发展中国家减排责任分担分歧太大，迟迟难以达成具有可操作性的协议和方案。

面对其成员国能源供需格局变化，以及各国对气候变化的关注上升，作为发达的能源消费国组织的 IEA 不断努力扩大其成员范围和职能，谋求在未来全球能源治理架构中继续占据领先位置，甚至成为真正的"全球能源机构"。为此，IEA 一方面长期表示欢迎中国、印度等新兴能源消费大国和俄罗斯等能源生产大国加入 IEA；另一方面也一直尝试在气候变化等能源环境问题方面发挥更大的作用。比如，在 2011 年，IEA 官员就表示，IEA 最适合承担对发达国家和发展中国家减排的 MVR（可测量、可报告和可核证三原则）工作，因为只有 IEA 才有能力对所有国家的能源电力数据进行统计分析。

二、我国应对思路

我国作为全球新兴能源需求大国是全球能源治理架构中不

可缺少的角色，几乎所有的国际能源机构和各类协调机制都积极邀请参加或与中国保持密切联系。然而，全球能源治理的上述三个变化表明，要想在参与全球能源治理中实现我国的核心利益，可从如下四个方面调整思路和措施加以应对。

一是要在国际气候谈判中坚守根据经济承受力确定相对减排量的原则。适度改变谈判策略，通过各种方式，包括在国际能源机构和协调机制场合发布观点和成绩、民间学术交流等各种方式彰显我国"自主减排"的进展与效果，推动减排数据的透明化，以减排的实际业绩来应对欧美国家靠指责他国获得"道德高地"的现状。

二是要清醒认识到我国作为一个能源需求处于上升阶段的发展中大国，其核心利益诉求与美国和欧盟主导的全球能源治理的主流价值观存在差异。现阶段，能源安全依然是我国参与全球能源治理的核心价值目标。这就决定了现有的以欧美为主导的国际能源机构或协调机制，并不能自动实现我国在全球能源治理中的"核心利益诉求"。因此，我国除了继续保持与各类国际能源治理机构或协调机制（G20、IEA、OPEC 等）合作外，应更为积极地寻找利益诉求相同或相近的国家组建"能源利益同盟"。同时，继续通过双边谈判方式推动我国能源进口来源多元化。

三是要充分认识到能源进口安全不仅与全球治理有关，更重要的是与国内石油天然气体制有关。加快我国石油天然气体制总体改革，打破油气领域的行政性垄断，提高石油天然气全产业链的效率，消除低效和浪费，从而降低我国油气消费的增长速度，是提升我国能源安全最基础和最重要的途径。

四是通过加快推动各类"区域或双边自由自贸区（协定）"来应对气候变化治理对自由贸易的可能损害。目前，国际气候谈判整体上在朝着不利于中国等新兴排放大国的方向发展。一方面，《京都议定书》确定的发达国家和发展中国家"共同但有区别的责任"原则有被美国提出的"排放大国和排放小国区分"原则超越和取代的可能。发展中国家阵营日益分化，新兴发展中大国被逐渐孤立。另一方面，坚持"共同但有区别责任"原则的中国等新兴发展中大国被欧美等发达国家描绘气候谈判的主要障碍。换句话说，国际气候谈判已经越来越"不讲道理"：不看历史排放，只看现实排放。

国际关系的本质和基础是"经济关系"。实践证明，"大单采购"方式只能发挥短期效果。因此，从长远看，改善这一局面的有效手段是通过推进区域自贸区或双边自贸协定，进一步加强经济交流与合作。一方面，通过全面深化国内经济体制改革，进一步促进中国与欧盟的经济联系与合作，包括促进欧美对中国的投资和中国对欧美的投资。一旦欧美对中国产品和服务征收"碳关税"或类碳关税，经济合作程度越深，中国反制力量越强，从而使其投鼠忌器。另一方面，加强与发展中国家的经济合作与交流，特别是对外投资，使这些国家对中国因处于经济发展时期带来的碳排放增长给予理解和同情。或者在必要时，协调其经济合作关系与气候谈判立场。

后　记

　　中国社会科学院是党中央、国务院的思想库、智囊团，是国家智库的重要组成部分。在中国社会科学院创新工程和智库建设中，中国社会科学院工业经济研究所始终发扬理论联系实际的学风，对我国经济社会发展的重大问题进行了多方面的研究，取得了丰硕的成果。

　　2010年，工业经济研究所开始编辑出版了一本《问题与对策》内刊，主要发表工业经济研究所的科研人员对现实问题和热点问题的研究成果以及相应的对策建议，刊登的文章面对现实问题，主题突出鲜明、短小精悍，形成了独特的内容和风格，其中很多的建议得到党中央、国务院和相关部门的重视和肯定。本书是《问题与对策》文章按年度的选编。

　　在这些文章刊登两年后，我们将其中的绝大部分内容按年度编辑后出版，不仅是对当时的记录，也为进一步系统和深入的研究现实问题、支持现实决策提供更丰富的参考。

感谢工业经济研究所科研人员的赐稿使得《问题与对策》内刊不断丰富和持续，感谢经济管理出版社的陈力先生为《问题与对策》付梓出版做出的辛勤工作。

因水平有限，不当之处还请读者批评指正！

编者

2016 年 8 月